ちくま新書

会計と経営の七

の発明による興奮と狂乱

田中靖浩
Tanaka Yasuhiro

1647

会計と経営の七〇〇年史——五つの発明による興奮と狂乱【目次】

イラスト＝礒田華織

まえがき

読者の皆さん、こんにちは。著者の田中靖浩です。

私は公認会計士としてコンサルティングや企業研修・ビジネススクールの講師をしながら、作家として会計・経営・歴史関係の書籍執筆をしています。このたびは皆さんへ「会計と経営の成り立ちを楽しくお伝えする」機会をいただきました。読者の皆さん、どうぞよろしくお願いします。

本書の「会計と経営の世界史ツアー」は700年前のイタリアからはじまり、スペイン、オランダ、フランス、イギリス、アメリカと、その時々の〝経済大国〟をめぐりながら、話が進みます。

会計書といえばふつう、「簿記や決算書の基礎」から話をはじめますが、それをやってしまうと「いきなり挫折する初心者」が多いのです。そこで本書は簿記や決算書、ディスクロージャー制度がいつ、どこで、どんな理由で誕生したのかを物語ふうに説明しました。

本書を読んでいただければ、会計と経営の基本やつながりを大づかみに理解してもらえると思います。本書では読者が楽しく学べるよう、3つの工夫をしました。

① 冗談交じりの語り口調で柔らかくお伝えしたこと

本書は、2020年12月に私が「NHK文化センター青山教室」で行った講義をもとに、大幅な加筆修正とアップデートを施して作成しました。ふだんから落語家・講談師さんと共演している私の講義は、雑談どころか脱線・冗談などオンパレードですが、今回はあえてその雰囲気を残しました。講談を楽しむつもりでリラックスしてお読みいただければと思います。

② 会計の発展を「5つの発明」に整理したこと

本書では、会計の発展を「簿記・株式会社・証券取引所・利益計算・情報公開」の5つに整理して解説しました。この5つの発明を順番に理解すれば、金融市場の全体像が見えてくるはずです。最近、小学校・中学校・高等学校の学習指導要領が改訂され、授業に金融市場や株式投資の説明が導入されました。その新カリキュラムの内容も、本書の「5つの発明」に深く関係しています。学校の先生そして生徒の皆さんは、ぜひ本書を「新カリキュラムを学ぶお供」にしていただければ幸いです。

③　会計の発展を人物伝中心に表現したこと

本書は会計や経営の発展史を制度の変遷に沿って並べるのではなく、できるだけ「人物」にフォーカスして表現しました。本書にはたくさんの政治家や実業家、そして画家たちが登場します。彼らはそれぞれの時代、何について悩み、どんな解決策を生み出したのか、それを少々大げさな講談調で語ってみました。彼らのしあわせな雄叫びや嘆きの声をお聞きいただき、その時代の風を感じていただければと思います。

経営とは「ヒト・モノ・カネ」のやりくりです。

個人であれ、会社であれ、国家であれ、「ヒト・モノ・カネ」をうまくやりくりすることが大切。ここで会計は「カネ」のやりくりを扱います。そこにいるヒトが一生懸命に努力してすばらしいモノをつくっても、「カネ」がうまく回らないと活動を続けられません。ところがリーダーの中には、すばらしい指導力を発揮して政治・外交をこなしながら、

「カネのやりくりだけは苦手」という人物がいるんです。本書にもそんな人物がたくさん登場します。そんな彼らの苦労や失敗を経て、「お金の状況を明らかにする仕組み」や「お金をうまくまわす仕組み」ができあがってきました。

この本を読んでいただければ、会計の初心者や学生さんでも

・商人たちが帳簿をつける理由
・株式会社と証券取引所が生まれた理由
・税金をめぐってトラブルが多い理由

といった会計の基本について「なるほど、そういうことか」と理解してもらえるはずです。

また、ビジネスパーソンであれば、

・コーポレート・ガバナンスが必要になったルーツ
・働き方改革が必要なほど働きすぎる私たちのルーツ
・大規模生産と安売りのルーツ

といった「ビジネスの常識」について、その起源を知ることができると思います。

本書は初心者でも会計の歴史を理解できるよう、「わかりやすさ」に重点をおきました。それゆえ、より正確な情報を知りたい方は専門書にあたってください。また、本書の物語を読み終えて、「会計って、意外におもしろそうだな」と感じた読者は、ぜひその好奇心を次につなげてください。詳しく会計の歴史を説明した拙著『会計の世界史』(日本経済新聞出版社)、あるいは簿記の勉強や決算書の読み方を学んでみるのもいいでしょう。よかったら私の講義にも来てくださいね。

さて、前置きはこれくらいにして、そろそろ講義に入ります。

あ、そんなに緊張しなくて大丈夫ですよ。いきなり難しい話をはじめたりしませんから。

まずは「破天荒なイタリア男」の話をお聞きください。

波瀾万丈なその人生をみると、「ほんと、会計の歴史と同じだなあ」と、つい私は思ってしまうのです。彼の人生は、まさに「興奮と狂乱」そのものでした。

お札になった酔いどれ殺人者

「キャッシュレス」まっしぐらで、だんだん使われなくなってきた「お札」。そこには国の功労者の肖像が描かれます。かつてイタリア・リラ札のモデルにカラヴァッジョが描かれていました。お札に取り上げられるような人物はふつう「故郷の誇り」です。しかしカラヴァッジョの地元では、お札になったことを祝うどころか、彼に由来の記念館などがほとんど見当たりません。それもそのはず、彼は酔っ払った挙げ句にケンカ相手を殺してしまった「殺人者」だったのです。

このカラヴァッジョ、絵を描く腕はたしかですが、とんでもなく破天荒なお方。ケンカの殺人を犯した末に指名手配され、イタリア各地を逃げ回っていました。

しかし、そんな彼の絵には見る者の心をつかんで離さない魅力があります。こちらの「バッカス」、この繊細なる写実力はどうでしょう！

カラヴァッジョ『バッカス』(1596年頃)

カラヴァッジョの肖像が使われた10万リラ札

「バッカス」は酒の神として有名ですが、このほか豊穣の神であり、そして狂乱の神でもありました。

お酒を飲んで歌って踊って陽気なうちはいいのですが、悪酔いして狂乱に陥ることも……ありますよね。カラヴァッジョは、狂乱にまで行ってしまった「リアル・バッカス」だったのです。

彼の性格と行動はともかく、その絵は後輩画家たちへ良き影響を与えました。「どうだ」と言わんばかりの写実性は、後輩たちのやる気をかきたて、技術的ヒントを与えました。この点をさして「近現代絵画はカラヴァッジョからはじまった」と評する評論家もいます。そんな後輩たちへの貢献によってカラヴァッジョはお札に選ばれました。

多くの先人たちが努力や工夫を重ねつつ困難に立ち向かい、頭を抱えるような失敗をやらかしながら、時代を超えて作品がつくられる。

歴史をみると、同じことが会計と経営の世界でも起こっています。ある時代に生まれたすばらしい会計上の発明は、それがすばらしいがゆえに人々の金銭欲を刺激し、狂乱にまで突き動かします。

酒に酔ってブレーキがかからなくなったカラヴァッジョと同じく、領土拡大の野心に燃えた挙げ句にスッカラカンになった王様、金儲けの魅力にとりつかれて投資しすぎた商売人、豪華な宴を繰り返して破滅に向かった貴族……。

酒とお金は人々を狂わせる魔力を持っています。酔っ払って興奮した人々によってはじまる狂乱の宴。その繰り返しによって会計と経営の歴史がつくられていくのです。

さて、カラヴァッジョの10万リラが登場したのは1944年のこと。それにしても「10万リラ」ってすごいですよね。当時のイタリアは財政赤字やインフレに苦しんでおり、その経済混乱のなかで「10万リラ」札が登場しました。モデルにカラヴァッジョが選ばれたのは、もしかしたら「ヤケっぱち」だったのかもしれません。本書の物語はそのイタリアが絶好調だった700年前からはじまります。

第一章

ルネサンスを支えた簿記の技術〈イタリア〉

——神の支配から人間が主人公の時代へ

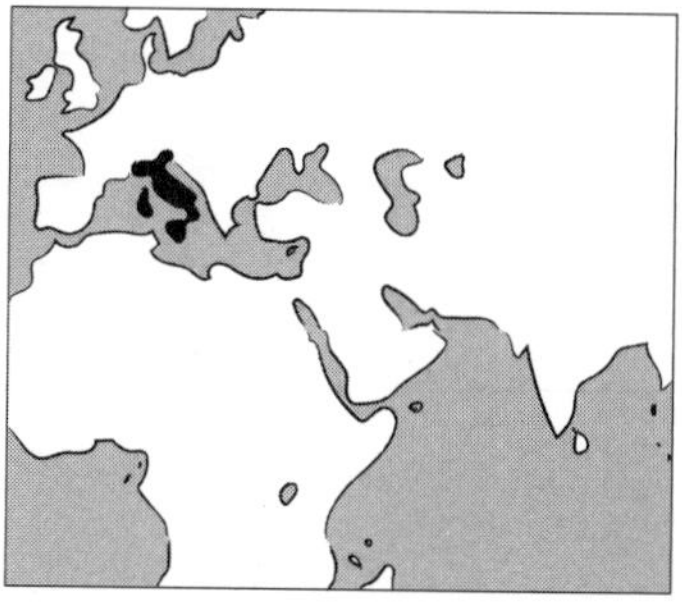

1 幸せと不幸、どちらの足音も東方からやってくる

†東方にあこがれる西の人々

こんにちは、講師の田中靖浩です。これからの講義、どうぞよろしく。

いきなりですが、皆さんスポーツは何がお好きですか？　サッカー、野球、ゴルフ……いろいろありますが、私は観戦するならやっぱり箱根駅伝です。

正月にあれを見ないと調子が出ません。最近の青山学院はホントに強いですねえ。ところであの箱根駅伝、実は全国大会じゃないんですよ、ご存じでした？　あくまで関東の地区大会。これほど東の地区大会が有名になって、西の大学はくやしい思いをしているようです。あ～あ、オレたちも箱根に出たいなって、東のほうをあこがれの眼差しで見ている……。なに関係ない話をしてるんだって思ったでしょ？　どうか慣れてくださいね、これが私の芸風ですので（笑）。

でもこの箱根駅伝、今日の話に関係大ありなんです。なぜって、まさに700年前、ヨ

ーロッパの人々は東のほうを同じく「あこがれの眼差し」で見ていたのですから。

現在のヨーロッパ、いまから700年前はそれほどたいしたことなかったんです。むしろイケているのは東のほう。たとえばイスラムの支配する地域はギリシャ、ペルシャ文明を受け継ぎつつ、それを革新して高レベルの文明を誇っていました。そのほかインド、中国など東の国々は計算・製造・食文化など、あらゆる面ですごかった。

ヨーロッパの人々はそんな東方を「いいなあ」と指をくわえて見ていたわけです。

この〝あこがれ〟が東方貿易の原点なのです。ヨーロッパの人々は東方からやってくる品々をよろこんで買い求めました。なかでも、もっとも歓迎されたのがご存じ香辛料です。コショウ、シナモン、ナツメグ……。中世ヨーロッパの人々は好んで香辛料を買い求めました。

……という話が、よく歴史の本に書いてありますよね。でも私、これがどうも信じられなかったんです。だって、あのラーメンにかけるコショウですよ？　どうしてそれが人気になるのか、どうしても理解できなかった。

でも「ああ、なるほど！」とわかったのはカンボジアで現地栽培のコショウを食べたときです。小さな黒い粒を自分で細かく擦りつぶして食べてみる。すると香りがよくて、おいしいのなんのって。そこでやっとわかりました。「これは人気になる」って。

香辛料はいたんだ肉の臭い消し、薬やサプリメントの役割まで果たしたそうです。でもそんなことより、とにかく香りがよくておいしいんです。ぜひ皆さんも試してみてください。あ、これステマじゃないですからね。

そして、商売人にとってありがたいのは、コショウをはじめとする香辛料は、かさばらないので大量に運べること。だから各地の商売人たちはこぞって香辛料を取引したがりました。

魅惑のコショウをはじめとする香辛料は、生産地からいくつもの国を渡る貿易によってヨーロッパにもたらされます。インドやインドネシアあたりで生産された粒は、アラビア商人などの手で東から西へと運ばれ、地中海を通ってイタリアへ届きます。そのあとイタリアからヨーロッパの各都市へ、と、それはまるで「コショウ駅伝」のような商売リレーだったのです。

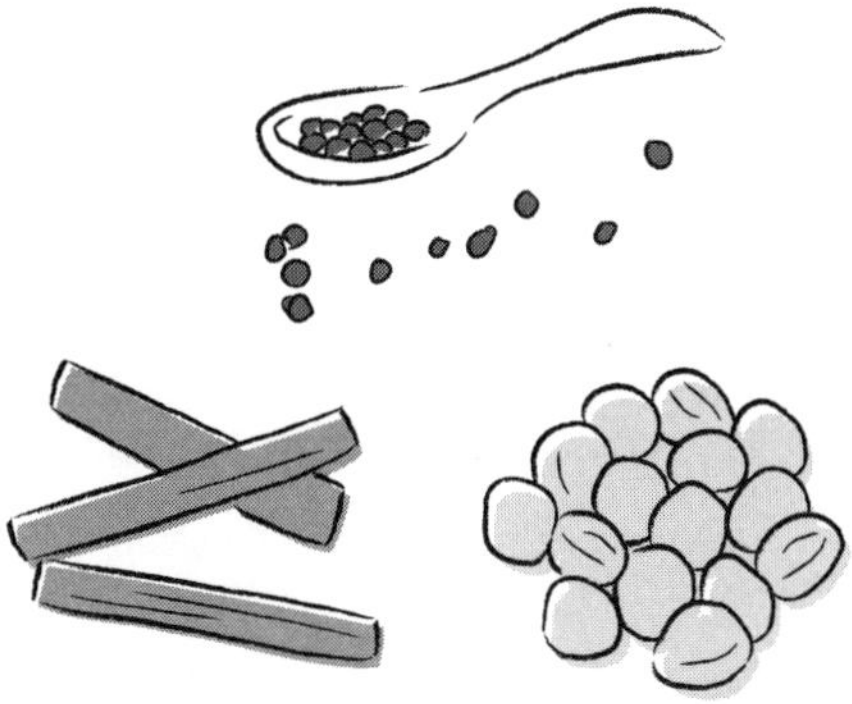

†情報共有しないペッパーサックたち

　ここで、箱根駅伝は強い絆で結ばれた「ワンチーム」ですが、東方貿易チームはそうじゃないんです。東方貿易の関係者には一体感などまったくありませんでした。

　彼らは「情報共有」などしていません。インターネットもスマホもない環境で彼らは「離ればなれ」に存在していており、お互いの存在や儲けの状況には興味がない。買ってきた香辛料に利益を乗せて売るだけ。自分勝手な秘密主義のもとで取引が行われていました。だから「全体の商売人が一致団結してコスト削減に取り組む」などというサプライチェーン発想など、これっぽっちもなかったわけです。

　そんな環境のもと、離ればなれに存在していた商人はそれぞれ大儲けできました。香辛料を取引する業者たちの儲けはとても大きかったようで、当時、一発当てて大儲けすることを「ペッパーサック」、つまり香辛料の袋と呼んだそうです。

ここでクイズでも出しましょう。香辛料の取引をするペッパーサックたち、当時どれくらいの利益率だったと思いますか？

①50％
②80％
③90％

さあ、いかがでしょう？

——正解は「③90％」です。利益率90％だから、10で買ったものを100で売るわけです。夢のような儲けですね、ちなみにもっと高く売るペッパーサックもいたようです。そんな暴利をむさぼる商人とは別に、途中の道のりには関税を取る国もありました。こうして東で取れたコショウは、西に行くにつれ、すさまじく高額になっていきます。

アラビア地方の業者は、「この香辛料がどこで取れるか」をイタリア商人にひた隠しにしました。中抜きされて自分たちの存在感を失わせないために。いますよね？　皆さんの会社にも、重要な情報を隠して伝えないイヤな上司が。それと同じです。

こうした秘密主義のツケは誰が払うのでしょうか？　もちろんコショウ駅伝の最後にいるヨーロッパの消費者です。ヨーロッパの人たちは、大変な高値で香辛料を買わされていました。

見方を変えれば、それほどの高値でもコショウが欲しいというのだから、いかに人気だったかがわかります。だっておいしいんですよ、ほんとに。

†東方からやってきた不幸の病

人気の品は香辛料だけではありません。シルクロードの名にあるように、ステキな絹の織物が東から入ってくる。これにヨーロッパの女性たちは驚くわけです。「なんてすばらしい！」って。ヨーロッパでは毛織物がメインでしたからね。あったかいのはいいけど、ボサッとして野暮ったい毛織物に慣れた人たちは、なめらかなシルク、インド綿の美しい色をみると目がハートマークになってしまいました。

あとはお酒や食べ物、家具や置物といった装飾工芸品もたくさん運ばれます。こうして東からどんどん憧れの品が入ってくる。その玄関口がイタリアでした。東の品々はまずイタリアに入り、そこからヨーロッパ中に広がっていく——だから玄関口としてイタリアの港街が栄えたわけですね。

問題はここから。東方から船に乗ってやってくるのは、あこがれの品だけではありません。ときにはありがたくないもの、イヤなものがやってきます。いまから700年前の14世紀半ば、東方より、人々を苦しめる病気が入ってきました——それが死の病、ペストです。

黒死病とも呼ばれる死の病ペスト、これ、21世紀のコロナウイルス騒ぎと似ている点がいくつもあります。

まずはそのはじまり。ペストはコロナウイルスと同じく中国から感染がはじまったようです。そこからだんだんと西のほうへ感染拡大、やがてイタリアの港街を経由してヨーロッパ中に広がりました。

700年前のペストがはじめてヨーロッパにやってきたのはイタリアなどの港町です。ジェノバ、シチリア、ヴェネツィア、こうした街の港から最初の感染がはじまりました。

数百年にわたるヨーロッパの歴史をみると、各国は何度となく疫病に襲われていますが、このときのペストっていうのはかなり致死率が高かったようです。街によっては人口の3分の1から半分が亡くなった。だからといって、いまとちがって製薬会社がワクチンをつくってはくれない。どんな対策をとったかといえば「検疫」の強化です。

いつものように港に貿易の船がやってきます。東方から憧れの品が来たぞと思って行ってみると、船から降りる船員たちがひどいありさま。立つこと、歩くことがやっとの状態で、体中に腫れ物ができている。どうしたんですか、大丈夫ですか、と親切に看病してた港の人たちにまで病気が広がって、同じ症状が現れる。

「船員たちと話しただけで病気がうつる」とわかった港街の人たちは、ここで対策を講じます。船が港についたとしても船員はすぐに下りるな、港に一定期間停泊して、全員の健康がちゃんと確認できてから人と荷物を下ろせとなりました。これは私たちがいう「検疫」です。

14世紀イタリアの人たちがはじめた検疫は、船を留め置くことと「40日間」。この40日を意味するイタリア語 quarantine がのちに検疫を意味する英語になりました。こんど空港に行ったとき、検疫の案内看板で確認してください。英語でそう書いてありますから。

飛行機のCAさんも、空港で働く人も「クオランティーン」ってヘンな英語だなと思うそうですが、それもそのはず、ルーツはイタリア語なんですね。

そんなイタリアの検疫をあざ笑うかのように、ペストはイタリアの全域に広がっていきました。やがてヨーロッパ全土に感染が拡大。これも今回のコロナ騒ぎと同じで、最初は感染が怖くて家でじっとしていた人たちも、しばらく経つと退屈するし、商売しないと金が稼げないというので、外に出はじめたと思うんですよ。こうして、イタリアから入ってきた品を各地に運ぶ遍歴商人たちの馬車の荷台に積まれた荷物にこっそり潜んでいたネズミやノミに乗ってペストの病原菌がヨーロッパへ拡大したのですね。いまと同じく「ビジネスのグローバル化」によって疫病が広がったわけです。

†混乱から新旧交代へ

病が広がるにつれ死者が増えます。すると人口が減って、商人たちの売上が減ってきます。売上が減ると会社が潰れはじめ、経済がガタガタになります。

というわけでペストのあと、不景気や経済の混乱があちこちで発生しました。

経済が低迷すると、社会的な混乱が起こります。当時でいえば宗教的な揺らぎが起こっています。当時、イタリアの各都市はローマに近い立地もあってキリスト教勢力が強い。神に祈れば病から救われると思っていたが、祈っても救われない。どうして神は、大切な家族や恋人を守ってくれないんだ。これは神の罰ではないかと禁欲的な方向へ走ったり、なかには異教徒ユダヤ人のせいだと考える人もいました。そのせいでペストのときはユダヤ人がひどい迫害にあっています。

このような混乱に、教会も対応しようと試みます。人々の信心が失われないよう、人々の祈りをしっかり受け入れる体制をつくり直す必要があった。だからペスト流行後には、その象徴として聖母マリアの慈しみが強調された絵画が多く描かれています。それだけではありません。キリスト教を守りたい教会と、新たに登場した新興経済勢力が手を組んで、教会の立て直しや大聖堂の建築といった宗教に関連した建造物がつくられました。

ペストもコロナもそうですが、疫病が流行すると人々の行動範囲が小さくなり、経済活動が停滞します。感染が拡大した直後には必ずといっていいほど、がくんと経済の落ち込みがきます。しかし、それで商売人や経済が潰れるわけじゃない。いつの時代にも「しぶとい商売人」がいるわけです。人の動きや環境が変わったのなら、その新しい環境にふさわしい商売をやってやろう！　とイキのいい奴が出てくる。

疫病という外圧によって潰れる商売人がいる一方、それをバネにして新たに伸びてくる商売人がいる——つまり新旧交代の「リセット」が起こりました。

今回のコロナでもそうですが、従来型ビジネスをやっている会社の景気が悪くなる一方、ステイホームやリモートワーク関連のビジネスを展開している会社は業績がいい。こうした新勢力や、「このままではダメだ」とやり方を変えた会社が新しい時代を牽引する。疫病をはじめとする外圧のあとには、このような経済的リセットが起こるのです。

ペストが流行したあとのイタリア、ここで新興勢力として台頭した代表的存在がメディチ家なんです。メディチはもともとメディカルですから薬屋がルーツ。ペストのあとで頭角を現した勢力が薬屋をルーツとする一族というのは、冗談みたいに出来すぎた話ですが。

薬屋からはじまったらしいメディチ家は、そこから多分野へ商売を拡大、毛織物の製造販売から金融業まで、手広く商売を展開しました。そんなメディチ家の名を歴史に残す役割を果たしたビジネスが銀行業なんです。

メディチ銀行はローマ教会と手を組んでさまざまな教会御用達の金融ビジネスを展開、そこで大儲けしてフィレンツェ政治界にも進出し、その一方で芸術界のパトロンとなっていきました。銀行業を通じて教会と結びつきが強かったこともあり、教会の新設や立て直しなどのプロジェクトにも積極的にかかわります。街づくり・宗教施設の建設について、それは私が出しましょう、と太っ腹をみせたのがメディチ家だったのです。

†ローマ教会とメディチ家のスーパーコラボでルネサンスが生まれた

建設物をたくさんつくりたい教会と、それを経済的にサポートするメディチ――このナイスなコラボで建物は完成したが、中に入ってみると、なんだか殺風景だな。ここに彫刻でも置きたいよなぁ。この広い壁には絵でもないと、落ち着かないよなぁ。と、こうして彫刻や絵画に対する巨大需要が生まれました。

その制作を誰に頼むか、みんなで相談するわけですよ。誰にする？　安藤忠雄？　隈研吾？　う〜んダメだ、ああいう大御所は新鮮味がない。もっと若い奴らにつくらせよう！と、まあ、そんなかんじで若い才能に白羽の矢が立ったのでしょう。こうしてルネサンス期の若い芸術家たちに大きなチャンスが生まれました。

当時はギリシャやローマ時代の古典を研究する若い芸術家たちがたくさんおり、そんなイキのいい彼らに仕事が舞い込みはじめました。これがのちに「ルネサンス芸術」の一大ムーブメントをつくっていくことになります。レオナルド・ダ・ヴィンチ、ミケランジェロ、ラファエロ……。キラ星のごとく登場したルネサンス芸術家の多くがペスト流行のあとに登場しているのは、決して偶然ではないと思いますよ。死の病ペストが社会・経済・文化といった面で「揺らぎ」と「リセット」を起こし、そこから各分野で新しい息吹が生まれてきたということです。

これはいまも同じだと思うのです。コロナウイルスによって世界および日本に揺らぎが起こったわけですが、これを単に恐怖と思っちゃいけない。その揺らぎを歓迎し、そこから何かを生み出すぞという気概を持たねばなりません。そうじゃないと次世代にバトンを渡せませんから。

2 メディチ家が分散組織を管理した手法

†中世のキャッシュレス取引だった為替手形

メディチ家といえばルネサンスを支えたパトロン、芸術の資金提供者として有名です。ルネサンスは一般に再生、復活と訳されます。それは「ギリシャ・ローマ文明の再生・復活」という意味です。そしてもうひとつ、ここまでお聞きいただいてわかるとおり、ルネサンスは「ペストからの再生・復活」でもあったわけです。

人々に慈しみを提供したい教会と、それを支援したメディチ家の経済力。この組み合わせによってルネサンス期の若き芸術家たちにたくさんの注文が舞い込みました。これがペストで暗く沈んだ社会をいまいちど明るく再生させた。メディチの後ろ盾なくしてルネサンスが花開くことはなかったでしょう。

ところでこのメディチ家、どうしてそこまで経済力をもったのでしょうか?

ここは皆さんにもぜひ考えてほしいのです。

だって、ペスト後の社会や経済は混乱しており、大きな商売人が次々と没落しているんです。それにもかかわらず新興勢力として出てくるからには、そこに「ユニークな経営ノウハウ」があったはずです。

もしかしたら、その経営ノウハウはコロナ後を生きる私たちにも大きなヒントを与えてくれるかもしれませんよね。ここからそれを探っていきましょう。

その重要キーワードが、またもや「離ればなれ」なんです。

当時のイタリアは私たちが想像する長靴のかたちをした国ではなく、都市国家の集まり、でした。それぞれの都市が「国」だったのです。この場合、離ればなれに存在する国と国をつなぐ道路を整備する人はいなかったはず。

こうなると商売人が金目のものを持って歩きそうなところには、泥棒がたくさん出現します。現金を大量に持ち歩くと、すぐに泥棒、盗賊から狙われる物騒な道のり。夜道を女や子供が歩くなどもってのほか、男でもひとりやふたりで歩いてると、わーっと追い剝ぎに囲まれて身ぐるみはがれる。金を盗まれるだけならマシで、命まで取られるかもしれない危険な道のりでした。

世の中にいろいろなビジネスがありますが、泥棒ほどワリのいい仕事はありません。なぜって、利益率100%ですからね。ペッパーサックよりすごい。

一方、商人はこんなのに狙われる道のりを、危なくて歩けない。だからボディガードを雇うわけです。屈強な男たちを大勢揃えて守らせれば、泥棒も襲ってきません。そうですね、いまでいえばジャパン・ラグビーチームの選手みたいなのを15人雇ったら完璧でしょう。

でも、これには別の問題があります。それは護衛の雇い代に金がかかりすぎること。ラガーマン15人雇うのには大金が必要です。あの人たち、たくさん食べそうですしね。護衛を雇えば安全だけど、それには金がかかる。う〜ん、これは困った、どうしよう、と商売人たちは悩みます。

悩む人が多くなると、その人たちにソリューションを提案する人が出てきます。これを解決する方法を提案できれば儲かるぞと。実はここで出てきたソリューションが「為替手形《かわせてがた》」なんです。為替手形は小さくて丈夫な紙に必要なことを書いて、現金の代わりに持ち運ぶもの。「現金を持ち歩く必要がない」のだから、これは私たちがいう「キャッシュレス」じゃありませんか！　いまはスマホでピッとやるのがキャッシュレスですが、当時はスマホの代わりに為替手形だったわけです。

†融資が禁じられたことで手数料商売が発展

お金を持たずに為替手形を持ち歩く。そもそも金を持ち歩くから襲われるわけで、持ってなければ向こうも襲ってきません。だったら現金の代わりに仮想通貨の手形があればいいじゃないか、というわけで為替手形が使われました。

このキャッシュレスサービスを発明し、商人に使ってもらおうとしたのがバンコです。バンコはわれわれが知る銀行の元祖的な存在です。英語のバンクはイタリア語の「バンコ」から来ているわけですが、ここでバンコは「机」の意味です。机ひとつを挟んでお客さんと差し向かい、商売を細々とやっていたのが元祖バンカーでした。

ここで注目したいのは、当時のバンコが「融資」をメイン業務としていないことです。ふつう、銀行のビジネスといえば「融資」を思い浮かべますよね。でも、当時の銀行は融資をメイン業務としていません。なぜなら教会が融資で利息を取ることを禁止していたからです。ちょっと不思議な感じですよね。でもそこにはちゃんと理屈があるんです。もともと「時間は神のもの」だから、時間の経過に伴って生じる利息もまた神のもの。よって商売人がそれを取ることはまかりならぬと。だから少なくとも表向き、銀行は融資を行って利息を取ることができませんでした。

でも実際のところ、融資のニーズはあるわけです。いつの時代にも金を借りたい奴はいるし、それに対して貸したい人間もいる。だからうまく偽装して借り貸しをしていたようです。あとは融資の禁止をキリスト教徒だけに適用しつつ、異教徒であるユダヤ人には許した。だからシェイクスピアなどによく「ユダヤの金貸し」が登場するわけです。

少なくとも表向き融資を禁じられていた当時のバンコがどこで稼いでいたかといえば、「手数料」関係のビジネスです。もっともわかりやすいところでは両替。

都市国家の集まりだった当時のイタリアでは、ヴェネツィア、フィレンツェ、ローマ、ミラノといった、離ればなれに存在している「それぞれの国」が、「それぞれの金貨」を使っていました。種類がちがうので商売人は旅するごとに両替する必要があります。その両替のとき受けとる手数料が彼らの収入でした。

そんな両替手数料だけでなく、バンコが狙ったのが為替手形の取引手数料でした。ペストが流行した700年前、すでに商人たちはヨーロッパのあちこちを旅しています。そんな彼らのために、バンコはたくさん支店をつくりました。支店が多ければ多いほど、利便性が高まります。

中世のころ、バンコによって為替手形はじわじわとヨーロッパに広がりました。

たとえばペスト流行後の15世紀に発展したメディチ銀行はフィレンツェに本店を置きつつ、イタリア各都市に支店を増やし、のちにヨーロッパ主要都市にも支店をつくっていきました。やがて巨大支店網、ネットワークを有する組織になります。

メディチをはじめとするイタリアのバンコは、教会との関係で融資が行えないからこそ、巨大組織をつくって手数料ビジネスを展開したというわけですね。

†すぐれた情報収集と分析を行っていたメディチ銀行

さあ、支店を山ほどつくって両替や為替手形の手数料商売を行っていたメディチ銀行。「支店をたくさんつくった」からといって儲かるワケではありません。ほら、日本の銀行でもありますよね、図体デカくなってシステムトラブル起こしまくっている銀行が。あ、関係者の方いたら、ごめんなさいね。でも、「デカければ儲かる」ワケじゃないってことは、皆さん納得していただけますよね？　そこには「巨大な支店網をどう活かすか？」という新たな問題が発生してきます。

拠点が増え、図体が大きくなったメディチ銀行。ここで彼らの「ユニークな経営ノウハウ」ひとつ目の登場です。

じゃーん、それは「情報の活用」です。バンコのメイン業務が手数料取引だった当時、手数料レートの設定が経営の命運を握っていました。これは、いまふうに言えばプライシング、値決め問題です。これは高すぎても安すぎてもダメ。高いとライバルにお客を取られるし、安いと自分が儲からない。ちょうどいいレートを探し当てるためには、政治・経済の情報分析が欠かせません。その手数料レートを決める上でメディチ銀行は徹底的に情報を収集し、その分析を行っています。ペストもあって経済的、そして政治的にも宗教的にも混乱と浮き沈みが大きかった当時、メディチ家はイタリアはじめヨーロッパ各都市に拠点を置きつつ、しっかりと情報を収集・分析していました。

かの孫子の兵法、あ、これは2500年前に書かれた中国の戦略古典ですが、そこに「爵禄百金を愛みて敵の情を知らざる者は、不仁の至りなり」とあります。これは「情報収集にだけはカネを惜しむな」という意味です。

いまを生きる私たちには想像しにくいですが、インターネットやスマホが登場する以前、情報を入手する方法は限られていました。中世といえば郵便もありません。敵国をスパイしてくれる007もいないし、GPSや盗聴方法もない。だからこそ孫子は「情報にはカネを惜しむな」と言ったわけです。それだけ敵の情報を知ることが貴重だったというわけです。

2500年前の中国古典にも書いてあるし、中世イタリアのメディチも行っているし、「情報活用の重要性」だけは時と場所を問いません。

ただ「情報活用のありかた」は時代と共に変化します。情報を活用するには「情報入手」と「情報分析」が必要ですが、孫子の2500年前は「情報入手」が重要視されています。スパイ（用間篇）だけで1章を割いているほどですから。

これに対して21世紀のいまは「情報分析」が重要視されていますよね。ITの発展によってビッグデータといわれる膨大なデータが入手できるようになった。問題はそこから何を読みとるかの「情報分析」のほうだと、統計やデータサイエンス分野に注目が集まっています。

メディチ銀行は情報収集にも、そして情報分析にも力を入れています。メディチ銀行の拠点をヨーロッパ各地に置くことは、顧客の利便性とは別に、「各地の現地情報収集」という重要な意味があったのです。

†メディチ銀行の「分権経営」

情報収集・分析はいわば「攻め」の経営ノウハウです。顧客に対していくらの手数料レートを設定するか、どれだけ儲けるかに直結した問題。次に紹介するのはどちらかといえば、「守り」の経営ノウハウ――それが内部の「組織管理手法」です。

拠点が増えれば増えるほど、各地に点在する拠点をどうやって管理するかが問題になります。この「拠点の管理」というのは、古くて新しい問題といえるでしょう。いまも多くの会社がこれに悩んでいます。あ、うなずいた方が数名いらっしゃいますね。

これには大きく「ふたつの方法」があります――それが中央集権か、それとも分権管理か。

本店が集中して管理するのか、それとも各拠点に経営を任せるべきか。この「中央集権vs分権管理」のどちらをとるかについて、古今東西の経営者はずっと悩み続けているといっても過言ではありません。

結論からいえば、メディチ銀行は「分権経営」を行いました。いちいち本店にお伺いを立てる必要はない。支店長、お前にすべて任せるから、自分で決めてやってくれ、とそんなかんじで日々の経営を現場に任せています。

そうそう、この分権化の進んだメディチ銀行は「持株会社の元祖」と表現されることがあります。各支店長は自分で経営方針を決めるだけでなく、自分の支店への出資まで行っていますから、たしかに持株会社的な要素を持っています。

ここで、15世紀にメディチ銀行を大きく発展させたリーダーのコジモ・ディ・メディチは分権化を押し進めつつ、どんな「結果」が出たかについてはしっかり数字で管理しました。そのために用いたのが「帳簿」です。各支店長は日々の取引を帳簿につけ、結果としてどれだけ儲かったかをきっちり記録・計算させられました。

コジモはたいへん会計に強い人物で、帳簿をつける重要性とその方法を熟知していました。簿記を導入して各拠点に帳簿をつけさせ、経営の結果を把握していたからこそ、分権管理が可能だったのでしょう。

†簿記を用いて支店がワンチームに

さあ、ここでついに簿記の登場です。簿記は「離れればなれの拠点をワンチームとして分権管理する」ために用いられ、発展しました。ここは会計的にとても重要なポイントです。

まず、前提として為替手形が使われていたことを思い出してください。為替手形が使われると、A支店に入金・B支店で出金という取引が行われます。ここでA支店には入金のプラス・B支店には出金のマイナスが出ますが、だからといって「A支店が黒字・B支店が赤字」ということではありません。これを「ひとつの取引」として合算する帳簿システムが必要です。さらに、1年を区切って決算を行うと、今年は「A支店の入金」だけで、

「B支店の出金」は翌年に行われる場合があります。これまた「今年と来年をひとつの取引として計算するシステム」がないと正しい儲けが計算できません。

このように、場所的・時間的なズレを含みつつ、正しい儲けを計算するためには、かなり高度な帳簿体制が必要になるわけです。「離ればなれ」の環境で各拠点が存在していたからこそ、それをワンチームにするため簿記が発展しました。

拠点がひとつだけであれば家計簿レベルで足りますが、多数の支店を持ち、為替手形を利用するようになると相当に高度な記録計算システムが必要になり、それを可能にするべく簿記が発展したというわけです。

こうしてみると、中世商人たちの活動範囲の拡大、つまりグローバル化はペストのごとき病が感染拡大する原因にもなりましたが、一方で銀行の拠点拡大を通じて簿記の技術を発展させる一因にもなったことがわかりますね。

ここで改めてメディチ銀行の「すぐれた経営ノウハウ」について整理しましょう。

それは攻めの「情報の活用」と守りの「組織管理」、このふたつです。

経営には「攻めと守り」がありますが、メディチ家はこの両方に強かった。これ、結構難しいのです。実際の会社をみればわかりますが、経営は攻めか守り、どちらかに傾いてしまう。

あ、ちなみに当のメディチ銀行も、コジモが総帥だった頃は両者のバランスを取ってガンガン儲かっていましたが、その孫のロレンツォが支配した時代には情報活用も組織管理もずさんになり、結局潰れてしまいました。ロレンツォは豪華王というニックネームからわかるように芸術のパトロンとしては貢献度大の人物でしたが、経営面の才覚はイマイチだったようです。

3 ダ・ヴィンチが故郷にいられなくなった記録好き文化

†記録好きのイタリアにて簿記が発展

メディチ銀行が繁栄していた頃、そのフィレンツェで大活躍していたのが、かのレオナルド・ダ・ヴィンチです。

会計の講義でダ・ヴィンチの名が出ることを不自然に感じる方もいらっしゃるかもしれ

ませんが、ダ・ヴィンチと会計は非常に関係が深いんですよ。

ダ・ヴィンチはいまから約600年前、1452年4月15日の生まれです。

ここで皆さんには、疑問を持っていただきたいのです。いくら有名人だからといって、600年前に生まれた人物の生年月日が正確にわかっているのは何故だろうと。そこにはイタリアの「記録好き文化」があります。

今日お話ししたように、銀行と簿記はともに中世イタリア商人たちの間で使われ、発展しました。その意味でイタリア発祥と考えていいでしょう。

これ、けっこう意外ですよね。あの陽気なイタリア人と、地味な銀行・簿記はどうも結びつかない。

中世のイタリア人は、ほんと記録を取るのが大好きなんです。なんでもかんでも決めたことを契約書に書く。その契約書にお墨つきをくれる公証人という偉い人がいて、そこに契約書を持っていって正式なものにしてもらう。

当時のイタリア人がこれほど記録好きだったのは、それだけトラブルが多かったことの裏返しなんです。とくに商売ではトラブルやもめごとの連続。その金額じゃない、この日のはずだ、ウソつくな、なんだてめえ。言った言わないのトラブルが日常茶飯事、すっと

ぼける奴も、逃げる奴もいる。だから「決めたことは記録に残そう」となったのでしょう。というわけで、ほら、やっぱりイタリア人は陽気なんですよ(笑)。

そんな記録好き文化がビジネス面で花開いたのが「簿記」です。初期の帳簿は「誰にいくらで売った」「誰からいくらで買った」と、いわゆる債権債務の記録をしています。とくに「売った」ほうですね。これは忘れちゃいけない。

しっかり帳簿をつけておけば、取引相手ともめたとき、裁判所に提出する証拠になりました。その債権債務の記録がだんだん高度になって、あらゆる取引を網羅するようになる。さらに発展して、複数拠点を持つ組織を統括した儲け計算まで可能になった。これがイタリアにおける簿記発展の歴史です。最後の最後、メディチ銀行のように複数拠点を持つ組織で洗練され発展した簿記が、やがて民間の商売人たちへ広がっていったのです。

そのイタリア生まれの簿記の技法が、ヨーロッパ中に伝わる上で重要な役割を果たしたのが『スンマ』という本です。これはルカ・パチョーリという数学者の書いた本ですが、そのなかで27ページぶん、簿記についてのわかりやすい説明があります。

もともと『スンマ』は一般人に数学の手ほどきをする数学百科事典のような内容ですが、この本のなかに書かれた簿記の技法は商人たちの注目を集めました。

1494年にヴェネツィアで出版されたこの本は、簿記の技法がヨーロッパ各地に広がるキッカケをつくりました。

『スンマ』のおかげで売れっ子となったルカ・パチョーリ先生は、イタリア各地から引く手あまたの状態。ミラノからも「先生、来てちょうだい」とお声がかかり、ミラノへ出向くことになりました。ここでルカ先生、レオナルド・ダ・ヴィンチとの運命の出会いを果たします。

†レオナルド・ダ・ヴィンチの苦悩と挑戦

もともとレオナルド・ダ・ヴィンチはフィレンツェ近郊の生まれです。若くして入門したヴェロッキオ工房にて、その才能を思う存分に発揮した彼、ずば抜けて絵がうまい、おまけに美男子で女性にモテる。どうみても「嫉妬を買いそう」なことは予想ができますね？——はい、そのとおり、嫉妬を買いまくるのです。

しかも彼はきわめてマズいことに、締め切りを守らないんです。守らないのか、守れないのか、どっちにしても約束の日までに絵を仕上げられない。ここで彼にとって不幸だったのは、イタリアには「記録好き文化」が存在していたこと。だから注文主が画家に頼むときも、契約書を交わすことが多かったのです。

ところがダ・ヴィンチは約束を守らない。これは当然に非難を浴びます。ただでさえ「チャンスがあれば悪口言ってやろう」と手ぐすね引いている敵が多いわけですから、炎上するに決まってます。

私も締め切りを守れない人間として擁護しますとね、ダ・ヴィンチはサボっているワケなじゃなくて、考えているんです。彼は何時間もじっとキャンバスに向かっていたそうですが、わかるなあ、その気持ち。それはクリエイターとしては当然でも、契約重視の国ではきわめてまずいんです。しかもレオナルド君、前金をもらってすっぽかすことまでやっており、注文主をカンカンに怒らせています。もはや「人としてどうなんだ」レベルで陰口を叩かれる。こうなると、だんだん故郷フィレンツェに居づらくなります。

というわけで、イタリアの記録好き文化のせいでダ・ヴィンチは30歳を期に故郷を離れ、新興国ミラノに向かったのでありました。

ミラノはスフォルツァ家ルドヴィコ公の治める新興国です。このルドヴィコ公、多くの成り上がり親分がそうであったように、パトロンとして芸術家にお金を払うのが大好きでした。

レオナルドはそんな彼へ向け、私を雇ってくださいと手紙を書いています。いまでいうエントリーシート。

その手紙の実物が残っているのですが、内容が非常に興味深い。画家だってことをアピールしていない。兵器の開発できますから軍事のことは任せてください、とルドヴィコ公が喜びそうな軍事ネタをずらりと並べつつ、最後の最後に「絵も結構上手です」と控えめに書いてある。これ、最近の就活学生に教えてやりたいですね。ガンガンに自己アピール

レオナルド・ダ・ヴィンチ『最後の晩餐』(1495-98年)

するんじゃなくて、相手の望むことを先に書くんだって。

この上手なエントリーシートが功を奏したのか、ダ・ヴィンチはルドヴィコ公に召し抱えられ、ミラノで仕事をすることになりました。このとき、同じくミラノを訪れたのがルカ・パチョーリ先生なんです。スフォルツァ公から数学者として招かれたルカ先生とダ・ヴィンチはミラノにて出会いました。

ここでダ・ヴィンチはルカ先生から数学の個人授業を受けています。かなり熱心に数学を勉強した模様。この知識が直後の仕事に生きるわけですよ。それがミラノの教会に描いた『最後の晩餐』です。

ルドヴィコ公が大きな教会を新設する際、その「食堂の壁」に絵を描いてくれという依頼がダ・ヴィンチに行きました。はい、わかりました、やります。で、その食堂の壁に何を書いたかといえば、『最後の晩餐』。これ、ちょっと考えれば、あまりにベタなんです。だって、食堂の壁に『最後の晩餐』ですよ。銭湯の壁に富士山の絵というレベルで、ひねりがなさすぎ。でも、これこそがダ・ヴィンチのプライド、彼なりの自己主張だったように思います。

†なぜイタリアの至宝『モナ・リザ』がフランスにあるのか?

彼の生きたイタリア・ルネサンス期には数学によって遠近法が発展しています。建築図面的な遠近法を基礎に、画家として独自の表現上の工夫を重ねる。皆が描いている当たり前の絵を、構図にも、ぼかし方にも、絵の具にもこだわった独自の技法で描く。「皆と同じ絵を、皆と異なる表現で描く」。これこそがダ・ヴィンチのやりたかったことだと思います。それはわかる人にはわかったようです。同時期の画家は、その表現の斬新さにたまげた模様。この傑作の背景に、ルカ・パチョーリとの出会い、数学の学びと応用があったことはまちがいありません。

その後、ミラノに戦乱が起こり、ふたりは各地を転々とした末に故郷フィレンツェに戻りました。ダ・ヴィンチは晩年に戻ったフィレンツェにて、有名なモナ・リザを描きはじめます。

しかしこの頃フィレンツェの街は宗教対立によって大混乱、ダ・ヴィンチは再びフィレンツェを離れ、居場所の定まらない流浪の旅に出ます。

そんなダ・ヴィンチに救いの手を差し伸べたのがフランス王フランソワ1世。この人の招きでダ・ヴィンチは描きかけのモナ・リザを手にフランスへ行きました。このいきさつによってモナ・リザはフランス所有となります。

イタリアが誇るレオナルド・ダ・ヴィンチ、最大のお宝モナ・リザがイタリアじゃなくて、フランスに飾られているって、よく考えればおかしいですよね。その裏にはこんないきさつがあったのです。

ここからわかるのは、当時の芸術面において「フランスはイタリアにあこがれていた」という事実。フランソワ1世はイタリアのルネサンス芸術にあこがれていたからこそ、ダ・ヴィンチを自分の国へ招いたのです。

もともとは東方貿易の玄関口として経済的・文化的に栄えたイタリア。続いて、そのイタリアの芸術にあこがれをもったのがフランスだったというわけですね。

そのあこがれの眼差しは、簿記の技術にも向けられました。イタリア商人たちの帳簿技術、簿記の技法はヨーロッパ中に広がっていくわけですが、そこで大きな役割を果たしたのが「書籍」の登場です。ドイツのグーテンベルクが発明した活版印刷技術と東方由来の製紙技術が合わさって誕生した書籍。ルカ・パチョーリの『スンマ』やこれに類する本がヨーロッパの簿記の技術を向上させたことはまちがいありません。

かくして絵画や簿記の技法を輸出してヨーロッパのレベル向上に貢献したイタリアですが、ダ・ヴィンチ亡きあと、宗教・政治的混乱のなかで少しずつ勢いを失います。

その大きな理由が大航海時代の到来です。閉ざされた海、地中海の覇者だったイタリアは、地中海が外海に開かれたことで、主役の座をポルトガルとスペインに奪われます。

ルネサンス芸術、そして簿記の技術はその後も輝きを放ちつづけますが、少なくとも経済面では大航海時代以降、イタリアは主役の座を降りることになりました。

†神が主役の時代から人間が主役の時代へ

最後に、おもしろいエピソードを紹介しましょう。イタリアの古い帳簿には「3月24日決算」というのがあるんです。3月24日決算って、なんかへんですよね。私たちの常識からすると、なぜ末日じゃないのかって。

私も会計やビジネスの常識で考えているうちはわかりませんでしたが、絵画・宗教関係を調べているうちに答えが見つかりました。3月25日が有名な受胎告知の日なんですよ。マリア様が大天使から受胎を告知された日。たくさんの画家がこの「受胎告知」を描いているのでご存じの方も多いでしょう。マリア様の妊娠が3月25日で、9カ月後の12月25日にキリストが生まれる。これがクリスマスです。キリスト教にとって受胎告知の日は、記念すべきはじまりの日なんです。もうおわかりですね、3月25日からはじめると、終わりは3月24日になります。こうして宗教がビジネスにも入ってきたのが3月24日決算というわけです。

それから当時の帳簿の表紙には「神と儲けのために」と書いてあったりします。興味深いですね、帳簿の表紙に神様が登場するって。ここからわかるように、当時のガバナンスは「神」なんです。悪いことをすると空の上から神様が見ている。だから人間は悪いことをしてはいけない。と、こんなチェック機能が働いていたんです。なんとなく平和というか、かわいいというか。

しかしダ・ヴィンチが活躍した500年前のルネサンスあたりから、その様子が変わりはじめます。ざっくり表現すれば、それは「神が支配する時代」から「人間が主役の時代」へ。これが中世から近世への移行と重なります。今回紹介した簿記や遠近法が登場した時期には、天文学や物理学など、あらゆる分野で科学が誕生・発展しています。こうした科学発展のうねりのなかで、人間は神に従属する存在でなく、自らの目でモノを見て、自らの耳で聞き、自ら考える主体的な存在になっていくわけです。たとえば遠近法は、平面的なキャンバスに「人間の目で見えたまま」の立体を表現する工夫です。ここにも人間中心の姿勢があるわけですよ。

人間が主体となることはすばらしい半面、それまでのように神に頼ることができなくなります。経営をチェックするガバナンスも神に頼ることができません。人間自らが設計しないといけない。これが現代のコーポレート・ガバナンスです。経営者自らがミスや不正が起こらない仕組みを設計して経営に取り入れないといけないわけです。

「神が支配する時代」から「人間が主役の時代」へ。

本日は、イタリアを舞台に700年前のペストで起こったゆらぎを経てルネサンス、そして簿記に代表される科学の発展についてお話ししました。

人間が主役の時代、それは神にすべてを委ねられない、つらい時代でもあります。まあ酒でも飲んでうさ晴らししましょう。今日の講義はこれで終了です。また次回！

第二章

大航海時代に広げすぎた多角化経営〈スペイン〉

——政治が中心から会計が中心の時代へ

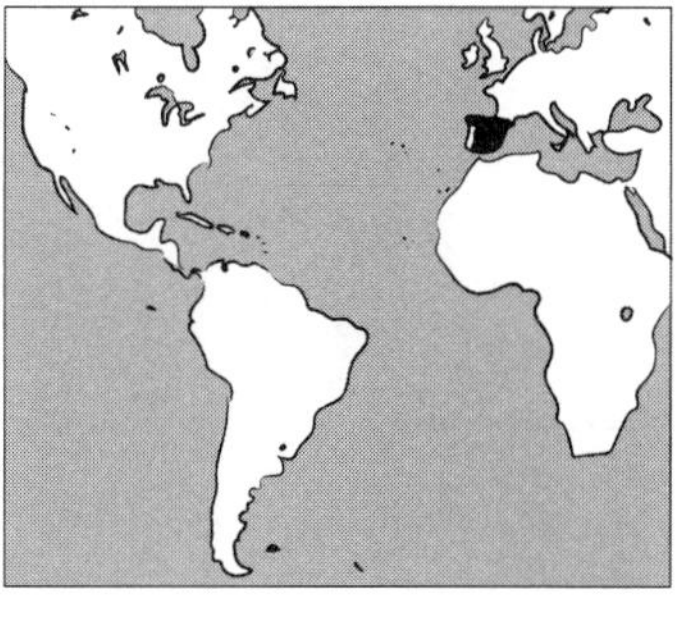

1 大航海時代のスペインが新大陸を目指した理由

†銀とトマトがやってきた

テニスのジョコビッチ選手って、ホント強いですねえ。

昨日たまたまテレビで見たのですが、もはや無敵といえる強さです。実は私、このジョコビッチ選手に親近感を感じているんです。いや、テニスの腕前じゃないですよ。え？　そんなこと、わかってるって？　それは失礼。

以前、本で読んだのですが、彼はグルテン・アレルギーだそうです。小麦などに含まれるグルテンを摂取すると体調不良になってしまう。それに気づいて食事を変えたところ、すごぶる快調になって世界一のテニスプレーヤーになれたと。

私もここ数年、体調不良が続いていたので食物アレルギーの検査を受けてみたのですが、そこで彼と同じくグルテンにアレルギー反応が出てしまったのです。ためしにパンを一定期間止めてみたら、たしかに身体の調子が良くなりました。

あるんですね、その人の持っている体質、食物に対する向き不向きって。あ、でも私はやっぱりパンは止められませんでした。だって好きなパンを止めたら、そのほうがストレスがたまって身体に悪いです。

ジョコビッチはしっかり食生活をコントロールしているようです。さすがアスリート。でも最初はグルテンを含むパンだけでなく、チーズやトマトもやめろって言われて、思わず叫んだそうです。「かんべんしてくれ、俺はピザ屋の息子だぞ」って。それ読んで、思わず笑ってしまいました。

ジョコビッチの両親がお店でつくる「ピザ」といえばイタリアを代表する食べ物です。いまや世界中で食べられていますよね。現在世界でもっともピザが食べられているのはアメリカだそうですが、これはアメリカに渡ったイタリア移民たちが持ち込みました。

ピザといえばパン生地にチーズとトマトが定番です。これをすべて禁じられたジョコビッチの嘆きはさておき、ピザの誕生にはスペインも大きく関係しています。実は、ピザにトマトやトマトソースが使われるようになったのはスペインのおかげなのです。

今日はそんな歴史を含む、スペインの話をしましょう。

さて、どこから話をはじめましょうか。そうですね、まずは復習を兼ねて前回イタリア

編で主人公だった香辛料からいきましょう。

中世の頃、ヨーロッパの人々に香辛料が大人気だった話をしました。東インドで生産されたコショウなどの香辛料がヨーロッパまで駅伝リレーのように運ばれると。途中の商人たちは右から左へ香辛料を流して大儲けしていたわけですね。

香辛料駅伝リレーの当事者たちはウハウハだったかもしませんが、そのツケを誰が払ったかといえば、それはヨーロッパの最終消費者です。

荒稼ぎするペッパーサック駅伝商人たち——ほかの地域の商人たちが、これを黙って見ているはずがありません。儲けの大きいビジネスには、必ず新規参入者がやってくるものです。「いまにみてろよ」と突っ込んできたのがスペインとポルトガルの商人たちでした。彼らは中抜きの直接取引を求めて、香辛料の産地である東インドへ船を出します。そう、これが大航海時代のはじまりです。

しかし、彼らのうち何人かはそこに到達できず、別の場所に行ってしまい、別のモノを持ち帰りました。それがスペインを経済大国にした銀であり、そして食生活を変えたトマトだったのです。

†スペインがねらったキリスト教の布教

前回紹介したレオナルド・ダ・ヴィンチが活躍したフィレンツェですが、16世紀になると混乱に陥ります。ローマ教会に対して反旗を翻す者による宗教的な対立、そして政治的な混乱。このときすでにフィレンツェはじめイタリア各都市はかつての輝きを失いつつありました。

その大きな理由が大航海時代の到来です。ここでイタリアに代わって主役に躍り出たのがスペインとポルトガルの両国。ユーラシア大陸の西端に位置する両国は、地中海から大西洋の外海に出やすい好立地ゆえ、大航海時代のエースになりました。

彼らには大西洋に向けて「船を出したい理由」がありました。見知らぬ土地に眠っている金銀財宝、そして香辛料の直接取引を求めていたのです。

レオナルド・ダ・ヴィンチやルカ・パチョーリがイタリアで活躍していたちょうどその頃、コロンブスはスペインの王様たちから支援を受け、インドを目指して船を出します。長い航海の末にインドに到着、と思いきや、そこは南米大陸でした。「とうとうインドに着いた」と勘違いしたまま、彼は現地の人を「インディオ」と名づけます。これは歴史上に燦然と輝く「ああ勘違い」事件といえるでしょう。

それだけではありません。スペインのイサベルとフェルナンド、ふたりの偉大な王様から「コショウ、頼むぜ！」と大いに期待されたコロンブスは、現地にコショウらしき植物が見つからないことに焦ります。似たものは見つかるが、どうもコショウとはちがう気がする。彼は日誌に「見分けられなくて悲しい」とつぶやいています。いまならインスタに写真をアップすれば教えてくれる人がいたでしょうに、当時はため息ついて終わり。しかし手ぶらで帰れない彼は「それらしき実がたくさんある」とごまかしました。

結局、彼の航海でコショウは見つかりませんでしたが、その代わりにスペインは新大陸の存在を知り、その地へ足がかりを築きます。そこからメキシコを征服しつつお宝の「銀」を祖国へ持ち帰りました。

コロンブス以降、メキシコからじゃんじゃん銀を持ち帰ることでスペインは経済的に栄えていくわけですが、これはメキシコ側からみれば本当に迷惑な話です。なに俺たちの場所に勝手に入ってきて、略奪してくんだよって。やられる側ならまちがいなくそう思いますよね。

しかし侵略するスペインのほうにも、それなりの大義名分があったようです。それが「キリスト教の布教」です。

どんな時代であれ、戦争は互いが信じる「正義」を相手にぶつけることによってはじまります。大航海時代でいえば、スペインとポルトガルには「キリスト教の布教」という正義がありました。

キリスト教の布教の裏には、どうやら経済的な理由もあったようです。それはおカネです。あ、金じゃなくて、銀でもなくて、「おカネ」。わかりやすく言えば、「税金を徴収する権利」。金でも銀でも農産物でも何でもいいのですが、とにかく新たに教会を建てて信者を増やせば、税金を取る権利が手に入りました。これが、スペイン・ポルトガルが行った植民地政策の背景にあったことは間違いなさそうです。

†税金のはじまり

皆さんご存じの税金ですが、それはいつ頃からはじまったかご存じですか？

古代メソポタミア文明の時代にはすでにあったそうです。残された記録によれば、それは「十分の一税」、つまり10％の税率で課されていました。当時の人々は収穫の十分の一を差し出したわけです。

この「十分の一」ですが、我々の指が10本あることに関係しているのはまちがいありません。10までの数字なら指を折って数えられる。10を数えた上で1を差し出す——このシンプルな計算にもとづく税金はメソポタミアからずっと後世へと受け継がれました。

これを採用した代表的な存在が宗教なんです。ユダヤ教も、キリスト教も、そしてイスラム教も「十分の一税」を信者に課していました。税金の計算については仲良しなんですね、どの宗教も。なかでもこの税制を好んで用いたのがキリスト教です。ローマ・カトリック教会にも十分の一税がありました。

古い昔、もともと「十分の一税」は物納で行われていました。それが貨幣経済の発展とともに金や銀で納付されるようになります。また、もともと任意だったものが、いつしか強制になっていきました。まるで子どもの学校のPTA役員みたいに。というわけで十分の一税をみると「物納・任意から金銭・強制」への流れがあったことがわかります。

ここからが重要なところ。どんな時代にもそうですが、税金というのは取る側はしっかり取りたい、取られる側はなんとか逃げたい、そういうものです。よって取る側はなんとかして「しっかり取る」ための仕組みをつくろうとします。ここがザルだと納税者に逃げられてしまいますから。

ただ、この「徴税の手間とコスト」ってバカになりません。そこで徴税側はこれをなんとかしようと工夫するわけです。

いちばん身近でわかりやすい例を挙げれば、日本の税務署はこの「徴税の手間とコスト」を軽くするため、その業務を会社にぶん投げています。ほら皆さん、自分で確定申告しなくても、会社に源泉徴収されるでしょう？　あれは国家が会社に徴税業務を委ねているわけです。中世のローマ・カトリック教会はこれと同じ発想で対応しました。つまり「徴税業務を各教会に委ねた」のです。

それぞれの地区にある教会は、信者から十分の一税を徴収します。そこから自分の取り分を差し引いて、残りをローマ教会に渡します。ここでのポイントは「自分の取り分」が各教会にしっかり残ること。つまり徴税業務は教会にとって「儲かる」仕事だったわけですね。

徴税については地域独占が認められましたので、関係者はこぞって教会を新設しました。教会が建設ラッシュになると、そこに縄張り争いが起こります。さらには、「税金を徴収する権利」が売買されるようなことまで行われるようになりました。

……ここまでの説明でもうおわかりでしょう。スペインやポルトガルが植民地にキリスト教を広げて、教会を建設したがった理由が。彼らはキリスト教を広げるという大義名分とともに、そこから得られる儲けにも注目していたのです。

いまお話しした「徴税業務の委任」は、教会だけでなく国家レベルでも大きな問題となります。どの国も「税金を計算する仕組み」までは作れても「徴税業務」までキッチリ行うのはとても大変。そこで、これを請け負う「徴税請負人」が現れます。この人たちがとんでもなく評判悪いんですね。それはおいおい説明しましょう。

†太陽の沈まない帝国の経営難

しっかりした税制の構築によって盤石な財務基盤を築いていく教会と裏腹に、王様の懐具合は意外に脆弱でありました。とくにスペインの王様は、その派手な領土拡大の舞台裏で、多額の借金を抱えていました。このあたり、いまを生きる私たちには「力関係」が少々わかりにくい部分です。教会と王様、そのどちらが偉いのかと私は思うわけですよ。典型的な無宗教日本人の私には、「教会が王様より偉い」って、なんとなく理解しにくい。神社やお寺の地位が国家より上にあるとは、感覚的に理解できないわけです。でも、明らかに当時はそんな様子が見てとれます。

強大な権力を持つカトリック教会の一方、国家の輪郭をつくる王様は意外に権力が弱いのです。とくに資金面では苦労している。その代表ともいえるのがスペインの歴代王様です。

現在の私たちがスペインと認識している地域はもともとバラバラの国でした。それがスペイン王国として統一されたのは15世紀終わりのこと。大航海時代の到来によって、やっとポルトガルを除くイベリア半島一帯がひとつのスペインになりました。

スペインはコロンブスが発見したアメリカ大陸のほか、フィリピンのマニラを拠点としてアジアにも進出します。あこがれの香辛料を直に輸入するほか、インドや中国とも貿易を行っています。

こうして海外に支配地域を拡大する一方、ヨーロッパにおいても勢力拡大に乗り出しました。スペイン国王カルロス1世は神聖ローマ帝国皇帝をカール5世として兼ね、ドイツからネーデルラント一帯までを支配します。これによってスペインはヨーロッパの広い地域からアメリカまでを支配下に置く「太陽の沈まない帝国」となりました。

「太陽の沈まない帝国」をつくりあげたカール5世の政治的手腕はたしかにすごかった。それは事実です。ただ、領土拡大はできても、それを維持することはなかなか難しいのです。なぜならそのためには優秀な人材と多額の資金が必要だからです。

会社でも国家でも、組織が大きくなればなるほど、その経営は難しくなります。結論としてみれば、残念ながらカール5世は経営における「おカネ面の運営」があまりうまくなかった。

これまた会社でも国家でも、表向きに受ける印象と、裏側の資金のやりくりは別のものなのです。ド派手に景気良く事業を拡大しているように見えても、それを支える資金のやりくりがうまくいっていないというケースは数多く存在します。

また個人、会社、国家と組織が大きくなるにつれて、長期的な視野が必要になります。個人の場合、寿命は長くて100年。会社の寿命はもっと長いし、国家となれば何百年も続けないといけない。そこで長期的な展望に立って、あえて借金して投資しないといけないことがあります。

しかし、これについては「どこまで借金が許されるか」「返済が苦しいときどうするか」など、次々と難しい問題が降りかかります。その意味で、個人→会社→国家と組織が大きくなればなるほど、その経営は難しくなるというわけです。

2 受け継がれる負の遺産

†会計嫌いの親子

カール5世の生きた時代、国家の経営状態を明らかにするための「会計ルール」など存在しませんでした。だから「お金をやりくりする仕組み」を自分でつくらねばなりません。日々の帳簿をつけて決算書まで持っていく、その仕組みをつくるって、それはそれは大変なことなんです。

前回取り上げたメディチ銀行のリーダー、コジモは自らの分散組織を管理する「経理の仕組み」をつくりあげたからこそ、メディチ銀行を成功に導けました。

商売組織に比べて、国家財政を管理する「経理の仕組み」をつくるのはさらに大変なんです。しかもカール5世が支配するスペインは海の向こうの新大陸まで勢力範囲にしているのですから、それを経理的に計算し把握することはとても難しいはず。

スペインは強力な軍隊を揃え、航海を繰り返して各地を征服していく裏側で、慢性的な資金不足に悩んでいました。派手な支配地拡大、きらびやかな軍備拡大の裏で、資金的にはかなり厳しい状況にありました。

カール5世の息子であるフェリペ2世が国王となった時代、スペインはヨーロッパ、中南米、フィリピンを支配し「太陽の沈まない帝国」の黄金期を迎えます。しかしながら、父親の代から受け継がれた借金は息子の時代にどんどん膨らんでいました。

巨額の支出に収入が追いつきません。赤字を補うために借入を行おうにも、スペイン国内にその融資に対応できる金融家はいませんでした。よって外国の金融家から借入を行うことによってその場しのぎを行いました。収入の多くは借入金の利息支払いに消えていきます。

「メキシコから大量に銀を持ってくれば大丈夫」と考えていたふしもありますが、それを上回る支出を行っていたので財政ピンチは解決できず。さらには大量の銀を持ち込んだことでその価値が下がり、インフレまで引き起こしてしまいました。

カール5世とフェリペ2世の親子が「会計嫌い」であったことはまちがいありません。古今東西を問わず、会計嫌いの人間には共通点があります。それがなにかといえば「見て見ぬふり」をすることです。

どう考えても商売の状況がよくない、あるいは国の財政状態がよろしくない。それがわかっているのに、あるいはわかっているからこそ、現実から目を背ける。そんな「見て見ぬふり」リーダーが経営する会社や国家はおそろしいです。従業員や国民はじわじわと苦しめられますから。

リーダー自身が会計嫌いを自覚しているなら、部下に会計が得意な人間を持ってくればいいわけです。リーダーは決算書の大枠だけ「読める」ようにして、それを「つくる」ことは会計に強い専門職や部下に任せればいい。しかし「会計嫌い」は、このどちらも嫌がるわけですよ。あ、いま、苦笑いした方がいらっしゃいますね。きっと身に覚えがあるのでしょう。ダメですよ、いまからでも遅くないので、「読み方」だけでも学んでください。

スペインの会計嫌い親子に話を戻します。この親子、自分が会計嫌いなだけじゃなくて、部下にも有能な経理マンが見当たりませんでした。だから何度となく会計制度改革に挑んではみるものの、うまくいきません。

この点、同じカトリックでもイタリアは商売好き、帳簿を大切にする風潮がありましたが、当時スペインには、帳簿つけなどの商売技法は貴族の学ぶことではない、といった空気があったようです。これはいけませんね。

†後輩を勇気づけたエル・グレコ

ここで、フェリペ2世に縁があった画家をご紹介しましょう。その名はエル・グレコ。名前くらいは聞いたことがありますか？

この画家、ネーミングからして面白いんです。グレコはギリシャ人のこと、そしてエルは男性の名につけられる定冠詞。つまりエル・グレコとは「ギリシャの男」という意味です。なんと安易なネーミングでしょう。こんなのつけられたら私なら怒ります。

このエル・グレコ、イタリア各地で絵の修業をしたのち、活躍の場を求めてはるばるスペインのトレドまでやってきました。それは1577年のことです。レオナルド・ダ・ヴィンチは故郷フィレンツェを出てミラノを目指しましたが、エル・グレコはスペインを目指しました。なんでもイタリアでミケランジェロをバカにしてケンカになり、居づらくなったみたいです。この時代の画家って、そんな人が多いですよね。

この時期のスペインは表向き景気が良くみえていたことから、エル・グレコは「仕事にありつきやすい」と考えたのでしょう。彼もまたそれほど会計に強いわけではなく、財政悪化の状態までは読めていなかったのですね。

腕に自信のあるエル・グレコはスペインの宮廷画家になる夢を抱いていました。実際、フェリペ2世に絵の仕事をもらうまでに出世し、「いよいよか」というところまで行きます。満を持して修道院に飾る予定の絵を描いたものの、フェリペ2世に「よく描けているが、祈る気にならんな」と残念な評価を下されました。ガックリ肩を落とすエル・グレコ。友人にまで「すごい絵だけど、マネしたくはないかも」と酷評されます。

一体どんな絵を描いていたんだ？　と思いますよね。ここで彼の絵をお見せしましょう。これは『無原罪の御宿り』です。

おわかりのとおり、彼の絵はタテに描かれたものが多いです。元祖ＴｉｋＴｏｋ画家とでも呼んでおきましょうか。それはともかく、ものすごく大胆な表現ですよね。良くいえばダイナミックかつドラマチック。しかしながら当時は奇抜すぎるとして理解されません

エル・グレコ『無原罪の御宿り』(1608-13 年)

でした。

そんな悪評を受けながらも、彼は「バカ野郎、この良さがわからねえか」とばかりに我が道を行きます。そんな彼でしたが、テーマはきわめて保守的。この絵も聖母マリアを描いた宗教画です。天上にマリアの受胎を表す白い鳩が描かれており、また右下にはカトリック宗教画によく登場するバラとユリの花が添えられています。

彼の絵は、ほとんどがキリスト教関係の宗教画です。それもそのはず、エル・グレコが仕事をもらおうとしたフェリペ2世はカトリックによる国家統合を目指すほどの、筋金入りのカトリック教徒でした。イタリアもそうですが、このスペインで絵を描こうとすれば、とにもかくにも宗教画だったのです。

さてエル・グレコ、彼は存命中、正当に評価されたとはいいがたいままこの世を去りました。

しかしながら、彼の絵は本人の死後になって再評価されはじめます。そのキッカケがナポレオンのスペイン侵攻でした。ナポレオンがスペインから略奪して持ち帰った絵画がフランスにて評判を呼びます。さらに評価が高まるのは、スペインの後輩画家パブロ・ピカソが登場してから。ピカソの若年期「青の時代」に描いた絵画はエル・グレコの影響を強く受けているとされています。このほかにもセザンヌなど、多数の画家にエル・グレコの影響がみられます。カラヴァッジョもそうでしたが、このエル・グレコもまた本人の知らぬところで後世の画家を奮い立たせていたわけですね。「この先輩のように我が道を進まねば」と。

†良い借金と悪い借金

スペインで活躍したエル・グレコは後輩画家たちに「良き遺産」を残しました。

さて、フェリペ2世のほうはどうでしょうか? まずは彼自身が父であるカール5世から巨大な帝国と、莫大な借金を受け継ぎました。広大な帝国の領土を光とするなら、その裏に隠された莫大な借金は影。

受け継いだ借金を減らすどころか、親譲りの会計嫌いフェリペ2世は、資金繰りに苦しんで返済期間の長い公債を発行したり、他国の金融業者から借入するなど苦労した末、何回かの破産宣言を出します。

偉大な王様なので金融業者の借金くらい簡単に踏み倒せそうなものですが、自国ではなく他国の金融業者だからそれも難しい。それに一度踏み倒してしまうと、悪い評判が立っ

て、その後に資金を貸してくれる業者がいなくなってしまいます。
こんな調子で財政が火の車であるにもかかわらず、フランスやイギリスなどを相手にあちこちで戦争をやらかし、財政難はいよいよ深刻度を増していきます。
その過程で、肉・油・ワイン・酢などの購入にかかる新税を導入しました。あれこれやってはみるものの、資金難はいよいよ出口が見えなくなり、1596年にはまたもや大規模な破産宣言が出されます。不幸は重なるもので、この破産宣告の年から数年にわたってペストまで流行しました。まさに踏んだり蹴ったりのありさま。
帝国の領土を世界中に広げた大航海時代の覇者スペイン。海で戦うために艦隊をつくり、陸には銀の甲冑に身を包む兵士も揃えた。侵略したメキシコからじゃんじゃん銀を運び、ついでにおいしいトマトも持ってきた。そんな輝かしい繁栄の裏側で国内の産業育成を怠ってしまい、膨らんだ借金を返済できなくなってしまいました。こうして太陽の沈まぬ帝国は、会計上の赤字に沈んでしまったのです。

このようなスペイン転落の歴史をみると、ひとごととは思えないんです。いま日本、そして世界の国々の間で「どれだけ国の借金は許されるのか」が話題になっています。最近よく耳にするのが「良い借金なら大丈夫だが、悪い借金はダメ」との意見。これを聞くと、私は少々心配になるんです。だってスペインだって「良い借金」だと思っていたにちがいありませんから。

そもそも「良い借金と悪い借金」はどうやって区別すればいいのか？　ここまでいくとなかなか難しい問題です。あえて説明させていただければ、借金そのものに良いも悪いもありません。問題は借金の使い途。借りた資金をどこに使うか、何に向けて投資をするか、その内容が重要なんですね。借金してそれを良き未来をつくる方向へ使えるのであれば、これは良い借金。そうでなく、ムダな投資に費やすのであれば、後世に負担を残す悪い借金。スペインの場合、結論的には「悪い借金」だったというわけです。

複雑な財政の話はともかく、まずはスペインのようにならぬよう、「自らの資金の状況を知っておく」ことは大切にしたいですね。その会計管理の大切さは個人でも会社でも国でも、変わるところがありません。

順番として、まずは「自らの収支を明らかにする体制をつくること」、これが第1段階。次に「良い借金と悪い借金を見極めること」これが第2段階ということです。

†最高の宇宙貯金

「悪い借金、良い借金」についておまけをもう少々。借金とは別に、個人の貯金にも「良い貯金・悪い貯金」というのがあるんです。ご存じですか？

貯金をすること自体はいいことですが、節約をがんばりすぎてケチになってはダメ。友だちをなくすまでケチになってお金を貯めるのは「悪い貯金」。これに対して「良い貯金」は、人生を楽しみながら貯めていくもの。こちらはどんどん貯めてください。

それだけじゃないんです。もうひとつ、最高の貯金があるんですよ——これを「宇宙貯金」といいます。本物の貯金ではなく、「気の持ちよう」レベルのお話ですが、ぜひ知っておいてください。

この宇宙貯金、残念ながら貯めた本人はおろせません。本人は、貯金するだけ。それは空の彼方に貯まるんです。空からおろせるのは自分の子どもだけ。自分が死んだあと、残された息子の前に「君のお父さんにはお世話になったんだよ」という人が現れて、息子の手助けをしてくれる。これが宇宙貯金の引き出しです。

つまり、善行を積んで誰かのためになることを行い、わが子が助けてもらえるようにする。これが宇宙貯金の預け入れと引き出しというわけです。

私はこの宇宙貯金の話を聞いて「なるほど」と思いました。これほどすばらしい貯金があるとは知りませんでした。それまで金利何%だとか言っていた自分が恥ずかしかったですよ。ぜひ皆さんも、宇宙貯金しましょう。

自分が死んだあと、「あの人には本当にお世話になった」とにこやかに話してくれる人を増やす。そうやって毎日を生きるって素晴らしいじゃないですか。しかも十分の一税を取るわけじゃない。これは最高です（笑）。

3 宗教改革は父への反抗!?

†プロテスタントの台頭

改めて大きく歴史を振り返ってみましょう。

この講義はイタリアから話をはじめました。コジモ・ディ・メディチがメディチ銀行を大銀行に押し上げ、ルカ・パチョーリの『スンマ』で簿記が紹介され、そのルカ先生とレオナルド・ダ・ヴィンチがミラノで出会ったのは、すべて15世紀の出来事です。

中世の15世紀「まで」はヨーロッパの経済的な主人公はイタリアだったのです。しかし、イタリア経済は16世紀になって調子が悪くなっていきました。キッカケは何度もお話ししている大航海時代の到来。ここで経済的な主役に躍り出たのが、地中海の出口に位置するスペインでした。

15世紀のイタリアから16世紀のスペインへ、主役交代劇があったということです。

ちょうどこの主役交代劇が起こった頃、ヨーロッパはもうひとつ大きな転機を迎えていました——それがカトリックに対する新教プロテスタントの台頭です。

このプロテスタント、はじめた人物としてマルチン・ルターやカルヴァンの名が有名ですが、初期のプロテスタント有力者には「カトリック教会の関係者・有力者の息子」が多いのです。つまり、もともと何に対してプロテスト、つまり反抗していたかといえば「父親に対して」だったわけです。

カトリックの親父は、息子のことを思って「お前もカトリック教会に入れ」と言う。これに反抗した息子が「クソ親父、あんな腐った組織に入ってたまるか」と言い返す。すると親父は「てめえ、誰のおかげでメシが食えると思ってんだ、いますぐ出て行きやがれ」ってね。残念ながらカトリックの父親は宇宙貯金を知らず、高圧的に息子へ命令したことで親子対立になってしまったのでしょう。以上は私の想像ですが、まちがいありません。

もともとルターは新しい一派をつくろうとしていたわけではなく、カトリック内部での改革をめざしていました。「金儲け主義を改めて、清き心を取り戻しましょうよ」って。これは自民党の内部から改革を叫ぶようなものです。

このような改革の声に対して、カトリックのほうも対応しようとしています。両者の対話の場を設けようと、16世紀半ばにトリエント公会議が開催されました。しかしプロテスタント側の欠席などによって、残念ながら両者の対話はもの別れに終わりました。このへんでカトリックとプロテスタントの対立は決定的になったといえるでしょう。

結局トリエント公会議はカトリック側が「プロテスタントの奴ら、かんじ悪いよね」と悪口を言いつつ、「ボクたちカトリックは一致団結してがんばろうね」と結束を確認する場になりました。

そんなこんなで16世紀半ばには、カトリック対プロテスタントの対立は決定的な状況です。ここでイタリアとスペインはカトリック側にいます。とくにスペインのカール5世&フェリペ2世親子はカトリック守護神のような存在でした。親子はだからこそ新大陸やアジアへもキリスト教の布教につとめたわけです。もちろんそこには税金収入への期待もあったと思いますが。

組織が硬直化し、拝金主義が蔓延しはじめたカトリック教会の大企業病を懸念したプロテスタントたち。その「腐ってんじゃないですか」との指摘を、「何様だよ、てめえ」と怒り返すカトリック。そんな両者の対立は、収まるところを知らず、やがて深刻な宗教対立になっていき、それはとうとう「いじめ」にまで発展します。旧勢力として政治的な力を持つカトリック関係者が、新教プロテスタントの信者を弾圧するという行為が発生。この弾圧がひどいんです。火あぶり、生き埋め、八つ裂き、とまあ、ひどいありさまです。そんないじめに遭っても、プロテスタントたちは信念を曲げません。それによってますます対立がひどくなるという、対立の悪循環でした。

†父の故郷を弾圧、増税

そんな宗教対立がひどくなってきたのがヨーロッパ北部のフランドル・ネーデルラント地方です。いまでいえばオランダ・ベルギーがある一帯。

もともとこの地域はカール5世の生まれ育った故郷です。だからカール5世はスペインで王様になったあとも、この地域の人々にやさしかった。なんといっても故郷ですしね。

でも、王様が代替わりして、息子のフェリペ2世になった瞬間に事情が変わります。「親父の故郷」になると愛着が薄くなって当然です。

親父の故郷で増えてきたプロテスタントたちを、フェリペ2世は目の敵にして弾圧しました。フェリペ2世のカトリックへの狂信ぶりには凄まじさすら感じます。結婚したイギリスの奥さんメアリー1世も旦那と同じくプロテスタントたちを弾圧してブラッディ・メアリー（血のメアリー）と呼ばれました。夫婦して筋金入りのカトリック教徒。

プロテスタント弾圧だけじゃないんです。フェリペ2世は金銭面でも父親の故郷を苦しめました。それが増税です。

もともとハプスブルク家の領土だったネーデルラントやフランドルでは港街を中心に商

工業が発展していました。ここからの税収はかなり大きく、この地域のおかげでスペインの財政は助けられていたのです。

父親のカール5世はそんなわが故郷をありがたく思っていたはず。しかし息子フェリペ2世はこの地へ重税を課しました。「親父の借金のせいでこんな状況になったのだから、親父の故郷からもっと税金取ってやる」と思ったか。まあ、それはさすがにないでしょうけど。とにかくフェリペ2世は、宗教・経済の両面で父親の故郷をいじめたわけです。

当然、やられたほうはムカついて怒りがたまります。この怒りのマグマがやがてスペインへの反乱、そして独立戦争へと発展していくのでした。そのあたりは次のオランダ編でお話しします。

†残された教訓

さて、そろそろ今回のスペイン編を締めくくりましょう。

前回のイタリアは銀行、そして「簿記」という画期的な会計ツールを発明しましたが、スペインは何を発明したか？——とくになにも発明していません。

ただ会計上、きわめて重要な教訓を残しました。それは「会計嫌いのリーダーが率いる組織は危ない」という事実です。

　スペインの会計嫌い親子は、拡大する領土と支出を会計的に管理する仕組みをつくれませんでした。だから自らの財務の状態を知ることができなかったわけです。目先の借金を支払うことで精一杯、それも苦しくなって北の地域に増税を課してしまいました。まるで子会社をいじめる親会社の傲慢社長のようですね。これは嫌われます。

　あと、スペインの歴史から学ぶべき教訓がもうひとつあるとすれば、それは「税金制度をつくるのは難しい」ということでしょうか。

　宗教の教会組織であれ、国家であれ、組織を維持するためにはお金が必要です。そのお金を集めるために税金を取るわけですが、何に対してどのような基準で税金をとるかについて決めるのはとても難しい。そこには誰かの不満が必ず溜まり、また徴税手続きについても利権が発生し、不正が横行するわけです。万人が納得して支払う税金制度など夢のまた夢、それをこしらえるのは至難のワザですね。今回のスペインも税金をめぐってはいろんな怒りを買っていますが、これはこのあとの講義で取りあげる他国でも繰り返されることになります。

†トマトを食べる勇気

今回の冒頭、ジョコビッチ選手の話をしましたよね。グルテン・アレルギーのお話。ピザ屋の息子の彼は、小麦だけではなく、トマトやチーズも避けたほうがいいと言われてガックリきたと。

パン生地にトマトとチーズといえばピザの定番です。このうちの「トマト」はスペイン兵士たちが南米から持ち帰ったものです。

スペイン兵士の豪傑たちも食事については意外なほど保守的で、はじめて見る奇抜な赤色のトマトを食べることには抵抗があったようです。しかし、おそるおそる食べはじめ、少しずつ彼らの食卓に広がっていきました。「これは意外にうまいぞ」と知った勇敢な者たちによって祖国スペインへ、それからイタリアなどヨーロッパ各地へともたらされたというわけです。私たちはトマトといえばスペインかイタリアの食物という先入観がありますが、そうではなく、南米からもたらされたのです。

そうそう、さっき私もそう言いましたが、「コロンブスが新大陸を発見した」という表現をよく使いますよね。これも似たようなものです。先入観というか、見方が一方的すぎるというか。

コロンブスが発見する前から、南米の人々はそこで暮らしていたわけです。スペインから見れば「発見した」ですが、南米の人から見れば「やってきた」となるわけです。

歴史を語る際は、このような偏った見方をしないように気をつけないといけません。国を区切って一方から見るのではなく、それぞれの関係性やつながりを大局的に見ること。これが最近よくいわれる「グローバル・ヒストリー」というキーワードの背景にあります。

このグローバル・ヒストリーの流れを受けて、日本の高校でも日本史・世界史を「歴史総合」とひとつの科目にすることになりました。とにかく歴史を学ぶときには、広い視野を持ちましょうってことです。

「発見した」でも「やってきた」でもなく「出会った」と表現するのはどうでしょうか。

たしかにそこには不幸な侵略の歴史もありましたが、いまはそれぞれを尊重しながら仲良くしていかねばなりません。そのためには歴史を学びつつ、お互いを尊重すること。

ちなみに南米からやってきたトマトは、しっかりとヨーロッパの食文化に根付きました。カクテルのブラッディ・メアリーにもトマトジュースが使われるし、またトマトソースのピザは世界中で愛されています。

というわけで、今夜はおいしいピザでもつまみながら、ビールでも召し上がってください。ではまた次回！

第三章

寛容の精神が生んだ株式会社と証券取引所〈オランダ〉

――苦しみの労働から働く喜びへ

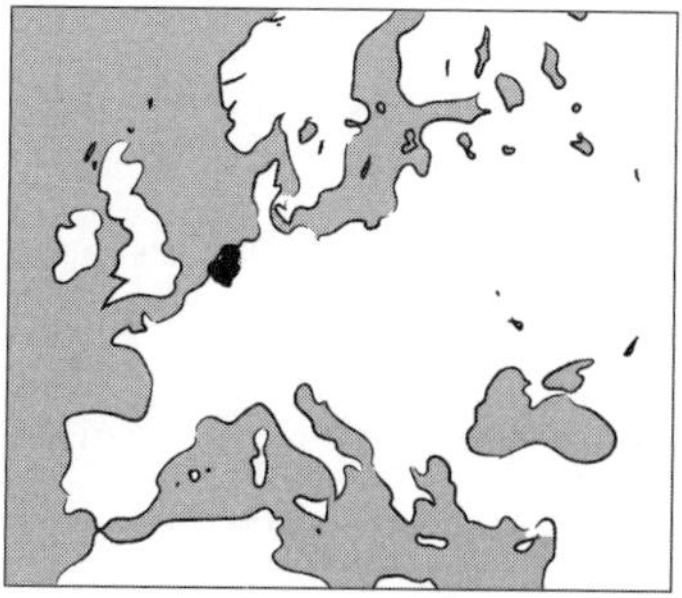

1 プロテスタントの国オランダ誕生

†風車の似合うオランダのはじまり

今日は私の経験した、ものすごく暗〜いお話からはじめます。

といっても気分が暗いのは私だけ、皆さんにとっては笑い話なのでご心配なく。

数年前にヨーロッパを旅行した際、スリにやられました。

現金を盗られたんです。被害は数万円程度でしたが、金額の問題じゃなくて、精神的にすごくショックでした。なぜなら私はずっと思ってたんですよ、「ヨーロッパでスリにやられるようなヤツは自分が悪い」って。ヨーロッパにスリが多いのはわかってるんだから気をつけろよ、不注意だからやられるんだって、そう思ってたんです。そんな自分が見事にやられてしまった。もうガックリ。

どこでやられたかといえば、オランダのアムステルダムからベルギーのブリュッセルへ向かう特急列車の車中です。

アムステルダムからブリュッセルへは特急電車で2時間弱。東京から大阪より早く行けるんです。途中、ロッテルダムで10分程度停車したのですが、ここでやられてしまったようです。私、頭の上の網棚に財布を入れたリュックを置いていたのですが、ロッテルダムから乗ったふりをした数名のスリ団にこれを狙われた。

ものの数分の間にリュックのなかにあった財布に手を突っ込まれ、「お札だけ」を盗られてしまったのです。なんだか、彼らのワザを見せつけられたようで、くやしかったです。

現地の知人からは「網棚にカバン置いちゃだめだよ」と諭されましたが、まさかあのわずかな時間に、お札だけ抜きとられるとは思わず……。皆さんもこんな目に遭わないよう、気をつけてくださいね。

頭上のリュックには十分注意していたつもりですが、でも、やっぱり車窓からみえる風景に気をとられていたのかもしれません。オランダからベルギーへ向かう電車から見えるのは、イタリアやスペインなど南の国とはちがって、どこか静かな落ち着きを感じさせる風景でした。

この車窓から見える一帯、とくにオランダ近辺はお世辞にも暮らしやすい場所とはいえ

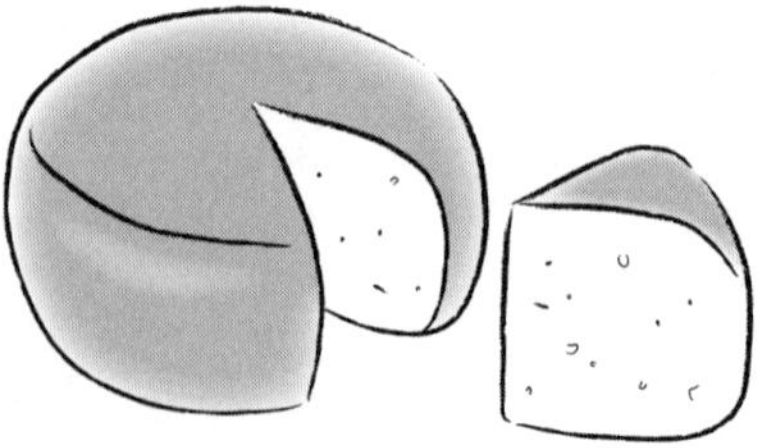

ません。1000年前にローマ帝国が占領したとき、ローマ人はここを植民地にしませんでした。彼らも「ここには住みにくい」とわかったのでしょう。
　ネーデルラントと呼ばれるこの地域、その名が示すとおり「低地」なのです。海面が低くてすぐ水害にやられるし、土地の水はけが悪くて作物も育ちにくい。どうみても暮らすには不向きな土地だったのです。
　しかし中世以降、この地に入った人々は「なんとかしよう」と工夫します。彼らは低湿地帯の大規模な土地改良を行いました。堤防をつくり、排水溝を掘り、洪水にやられないよう干拓を進めます。もともと穀物の製粉に使っていた風車を、干拓地から水を汲み出すために使用しました。こうして風車はオランダになじみ深い存在になっていきます。

苦労して干拓したものの、その土地では小麦が育ちません。ただ、水はけが悪くても育つ大麦やホップの栽培が少しずつ広がり、それをもとに職人たちはビール生産をはじめます。また農産地の多くは作物の栽培をあきらめ、酪農に切り替えました。これによってオランダではおいしいチーズとバターがつくられはじめます。なかにはゴーダのように、街の名がそのままチーズ名になるまでブランド化に成功した例もあります。

こうしてビール、チーズ、バターといった、付加価値が高い製品を生産することが得意になった低地の人々は、それを輸出することで少しずつ商売を大きくしていきました。そこには決して悪条件にくじけない、ネーデルラント特有の起業家スピリッツがあったのです。

†ブリューゲル絵画に描かれた人々の嘆き

ここで画家をひとりご紹介しましょう。ピーテル・ブリューゲルです。

彼はこの地の出身ですが、生年月日は不明です。低地の人々は干拓に忙しく、イタリア人のように記録をつけることをサボっていたのでしょう。

この絵を見てもらえますか？　ブリューゲルが１５６６年に描いた『ベツレヘムの人口

調査』です。これ、私は実物をベルギー王立美術館で見ました。そう、電車でカネをすられたあと、傷ついた心を抱えながら見たのです。

ブリューゲルは自らの故郷を舞台にこの絵を描きました。見ればわかるとおり、一面の雪。ヨーロッパ北方ならではの景色ですね。温暖な南のイタリアやスペインでは見られない雪景色です。

寒いからでしょうか、人々が左の酒屋に集まってきています。でも、なんとなくこの人たちが楽しそうに見えません。「さあ飲もうぜ」という明るさが感じられない。

それもそのはず、実はこの人たち、お酒を飲みにきたのではなく税金を払いに来たのです。酒屋の前には、机を用意している徴税人の姿が見えます。酒屋の壁にハプスブルク家の紋章が飾られており、徴税人はスペインからやってきたことがわかります。

この絵が描かれた当時、この地域はスペインが支配していました。財政悪化に悩むスペイン王フェリペ2世は、この地の人々に重税を課し、財政不足を補おうとしました。これは前回の講義でお話ししましたね。

このときの税金は人頭税といって、単純明快「1人当たりいくら」で課税します。人々は、酒屋の前で家族の人数を申告しつつ、それに応じた税金を納めたのです。人頭税は貧

ピーテル・ブリューゲル『ベツレヘムの人口調査』(1566年)

乏人の子だくさんにとって、あまりに過酷な税金です。子だくさんのパパは溜め息つくしかありません。

ちょうどこの時期のネーデルラントは厳しい冷害にみまわれ、多くの人が飢餓状態にあったようです。そんな厳しい環境のなか、やっと稼いだお金を遠くから来た役人に持って行かれる。これではスペインへの怒りの感情が高まっても不思議ではありません。

そしてもうひとつ、この地の人たちが怒っている大きな理由がありました。これも前回ご説明しましたが。覚えてますか？　そう、新教プロテスタントをフェリペ2世が弾圧したこと。

カトリックに対抗してマルチン・ルターやカルヴァンによってはじまった新教プロテスタントはネーデルラント地域に着々と信者を増やしていました。カトリック守護神のフェリペ2世がこれを許すはずがなく、新教信者を見つけては弾圧を繰り返しました。

†マーケティングが上手なプロテスタント指導者

ところで、ブリューゲルの絵に描かれた北の商売人は、どうしてカトリックからプロテスタントへ宗旨替えしたのでしょうか？

その理由を簡単にいえば「働くことと儲けることを肯定してくれたから」です。

もともとカトリックにおいて労働は苦役、つらい営みなんです。だから、いまもそうですがカトリック国の人に残業を強いたりすると嫌がられます。彼らにとって、できるなら避けたいのが労働。家族を犠牲にしても残業する日本人とはまったくちがうのです。

この「労働は苦役」という考え方に対して、プロテスタントの指導者はネガティブ・キャンペーンを張ります。ほら、これは日本の野党と同じで、反・自民党票を集めるためには、対決姿勢を鮮明にする「対立軸」をつくったほうがわかりやすいですから。プロテスタントは反カトリックの姿勢を明確にすべく「労働は良きことだ」と思いきり肯定したわけです。

なかでもカルヴァン派は「労働は善である」と高らかに宣言しました。しっかり働くこと、そして儲けを出すことは、とてもいいことだ。ちっとも悪いことじゃない。だからしっかり働き、日々の生活では倹約を心がけ質素に生きよう、これこそが神に祝福される生き方だ——そんなふうにアピールしたのです。これは商売人にウケますよね。かくしてネーデルラント地方の商売人たちは「これぞ俺たちの探していた宗教だぜ！」とプロテスタントに宗旨替えしたのです。

ここで「労働は善である」とのネガティブ・キャンペーンがウケるのはわかるとして、どうやってそのメッセージを商売人たちに伝えたのでしょう？

すべての商売にいえることですが、いくら良いモノをつくっても、その良さが伝わらない限り、誰も買ってくれませんよね？　モノであれサービスであれ、そして宗教であれ、「伝える」ことをサボっては商売になりません。

ここでプロテスタントの指導者は「新たなテクノロジー」に目をつけました。それが印刷術です。ドイツのグーテンベルクが発明した活版印刷技術によって、手書きではなく印刷が可能になり、チラシや本を大量に製作することができるようになりました。

プロテスタントの指導者は自分たちの主張を難しく伝えるのではなく、一般の人向けにわかりやすい風刺画をこしらえました。これをチラシにしてあちこちにバラ撒いています。まだ識字率が低く、文字が読めない人が多いことを踏まえ、彼らはわかりやすい風刺画を描き、それを印刷してバラ撒きました。カトリックの有力者を獰猛なライオンや狼にして描き、それをもとに人々を集めて紙芝居のようなことまでやっています。ほんとにPRがお上手。

こんなことを言うと、当時のプロテスタント指導者に叱られると思いますが、彼らは本当にマーケティングがうまかった。彼らの「わかりやすく表現して拡散させる」手法は、最近のデジタル・マーケティングと同じ発想です。いまＹｏｕＴｕｂｅやＴｉｋＴｏｋを使っている人と同じく、自分たちの主張を簡潔に表現して、新たな媒体でバズらせたわけですよ。私はそう見ています。

そして、現代のデジタル・マーケティングにスマホが欠かせないツールであるのと同様、当時にもやっぱり新たなツールがありました。

それが書籍化された「聖書」です。活版印刷が実用化され、ヨーロッパに書籍が流通しはじめた頃、最初のベストセラーになったのが聖書でした。もともと教会関係者の秘密情報的な存在だった聖書は難解なラテン語で書かれており、一般の人には読めないシロモノでした。その聖書を一般の人にもわかりやすく表現した口語版聖書はベストセラーとなって各地で普及、それとともにプロテスタントが増えていきます。

免罪符を売ったりして金儲けに走っているカトリック教会はけしからん。我々は教会など行かなくても、「聖書さえあれば、それを読むことで神とつながれる」と彼らは主張したわけです。その意味で、口語版の聖書はプロテスタントの必須アイテムだったのです。

†オランダとベルギーはこうして分かれた

もともと低地で水害が多く、寒いこともあって暮らしは厳しい。それでも、やっと稼いだと思ったら重税を課される。聖書を手に祈ろうとしてもそれを禁止される。

あれやこれやが重なって、北の商売人プロテスタントたちの間には「ちくしょう、スペイン野郎、覚えとけよ」との怒りが溜まってきます。

そしてとうとう彼らはスペイン相手に立ち上がりました。もう我慢がならないと決意を固めた彼ら、はじめはスペインに反乱して戦いをはじめますが、やがてそれはスペインからの独立をめざす戦争となっていきました。これがオランダ独立戦争です。

この戦い、やってくるのは銀の甲冑に身を包んだスペイン兵士、こちらで迎え撃つのはプロテスタント商売人。さあ、戦いのはじまりだあ、お立ち会い！……って、講談師が声を張り上げる場面ですね、ここは。

でも、講談調で語るには商売人たちが弱すぎました。戦いに慣れてない商売人ばかりで、歴戦の兵《つわもの》スペイン兵相手に戦うのは分が悪い。チーズ屋がチーズ桶かぶって戦場にやってきて、周りから「クサいぞ」と文句を言われたりしています。これでは戦《いくさ》にならんと、傭兵を雇ってみるものの、それでも劣勢は明らか。

正面からぶつかっては勝負にならないことを悟った商売人たちは、押したり引いたり、のらりくらりと戦うわけです。そのせいで数十年も続く長い戦いになりましたが、結論からいえば、念願叶って北の7州がスペイン支配から逃れ、どさくさにまぎれて独立を果たしました。これが現在のオランダです。とうとうヨーロッパではじめて、プロテスタントたちが新たな国を建国したのです！　一方で南の諸州は残念ながら独立を果たせず、カトリックの支配が残ってしまいました。これが南のベルギーです。というわけで、この両国は直接戦争して分かれたのではなく、スペインに勝ちきった側と勝ちきれなかった側として分かれました。

こうしてオランダとベルギーは独立戦争の結果、宗教的にふたつの国に分かれました。こうした宗教がらみのいきさつに弱い日本人は、そのあたりの事情を知らない人が多いわけですね。特急で行けるアムステルダムとブリュッセルの両方に行って、観光をして酒飲んで食事はするけれども建国のいわれまでは知らない。だから電車のなかでスリに遭うんです。あ、ごめんなさい、しつこいですね（笑）。

2 オランダ黄金時代に商売人が集合

†商売人たちの宗教ノーサイド宣言

さて、カトリック・スペインに怒ったプロテスタントたちが建国したオランダ。ふつうに考えれば「カトリック憎し」の憎悪が残るところ。でも、彼らはそうじゃなかったんです。建国ののち、ヨーロッパ諸国に向けて、驚くような宣言を出しました。

「俺たちは宗派を問わず商売人であれば歓迎する。商売好きよ、来《きた》れ！」

これは言わば、「宗教ノーサイド宣言」です。

私たちはプロテスタントの国として独立した。でも、もうこれから宗教でケンカするのは止めようじゃないか。宗教がちがうからといって争うと、家族や親族で戦うハメになってしまう。わがオランダは、宗派を問わず商売人を歓迎するから、商売人よ、わがオランダへ来れ！　と宣言したのです。

これによってプロテスタントはもちろん、南の方からカトリックの商売人もやってきます。商売っ気の強い人たちが、鼻歌交じりにアムステルダムまでやってくる。そのなかには、各地でずっと迫害され続けてきたユダヤ人の姿もありました。

先に結論からお伝えしましょう。これからお話しするオランダのアムステルダムにおいて、世界ではじめて「株式会社」と「証券取引所」が誕生します。

前回お話しした「イタリアで銀行と簿記が生まれた」というのも驚きですが、こちらの「オランダで株式会社と証券取引所が生まれた」という事実にも驚かれる方が多いのではないでしょうか。いまや身近な存在となった株式会社。そして株式を売買する証券取引所。これらの発祥がオランダというのはかなり意外ですよね。

この画期的な発明の背景には、「宗教ノーサイド宣言」がありました。ここは重要なポイントだと私は思います。すごい発明、いわゆるイノベーションを「いつもの人たち・気の合う人たち」だけで起こすのはなかなか難しいです。ほら、仲良しが集まると、ついグチが多くなりますからね。ではどうやったらイノベーションを起こせるのか？　そのヒントがこのときのオランダです。彼らがやったことは、未知の発想・アイデアを持つ「異質」を集めること。その出会いを自分たちでつくっているのです。

そうですね、たとえば、いま行われている各国の移民政策。日本もそうだし、アメリカも、ヨーロッパ諸国もそうですが、移民といえば「手足となって働く労働力」を安く雇おうとしています。頭で考えることは自分たちでやるから、移民の君たちは言われたことを言われたとおりにやってほしい。こんな姿勢があるように思うのです。つまり単純労働力を安く使おうとしている。

しかし建国したときのオランダはそうじゃない。手足というよりは「頭脳」を取っています。自分たちにはない斬新な発想、画期的なアイデア、それを持つ移民を歓迎した。もちろん優れた技術を持つ職人も歓迎していますが、それに止まらず、目に見えない発想・アイデアを積極的に招いているように思うのです。

これはなかなかできないことですよね。移民もそうですが、会社の中途採用などでも「わが社の社風に合った」逆らわない人を採りますもんね。これではなかなか画期的なアイデアが生まれません。

移民や中途採用だけの話ではありません。何かを新たにはじめるとき、あるいは何かやり方を変えたいとき、自分たちの持ってないアイデアを持ってる人たちを歓迎する姿勢がけっこう大事だな、と思います。いまのようにデジタルシフトが激しいときは、若い人と組んで仕事したほうがいい。そんなときは彼らの頭脳と感性に期待しつつ、自分が手足となって働くくらいの気持ちでいきましょう。年寄りは威張らず、謙虚にしないといけません。それが人生100年時代を長く働くコツです。これは私も自戒を込めて、そう思っているところです。

†アムステルダムに大集合した商売人たちの盛り上がり

17世紀に入ると、宗教ノーサイド宣言によって、宗教を超えた商売好きが続々と集合しはじめたアムステルダム。

そこには「船づくりは任せろ！」と声を張り上げる造船業の男がやってきます。建国後のオランダはまもなく高い造船技術を誇る国になりました。こんどはそれを聞きつけて、「船の操縦は得意だぜ」と自慢げな海運業の船乗りたちがやってくる。

次はモノの売り買いと交渉を得意とする貿易商人、続いては港をつくる建設業、それから倉庫で預かる倉庫業、とまあ、いろんな商売人がアムステルダムにやってくるわけです。

もともと得意だったビールやチーズの製造はもちろん、さまざまな食料品、衣類、工芸品などなど、各種の製造業が盛り上がり、それを運ぶための海運もバッチリ。

こうしてさまざまな商人が集まると、売買が行われるマーケットが生まれます。マーケットで取引が行われると、そこで成立したさまざまな商品の「時価」が貴重な情報として扱われるようになります。この時価情報をヨーロッパ各地の商人たちはノドから手が出るほど欲しがりました。

アムステルダムには商売をめぐる「人・場・情報」が集まり、それがうまく循環しはじめました。商売人の国オランダの各種ビジネスは一気に盛り上がりをみせます。

さて、続々と新たな商売が立ち上がるオランダ。そこでは「事業資金をどうやって集めるか」が課題になります。どんな商売でも、はじめるには資金が必要。それを誰から、どうやって集めるかという問題です。

ここで「それは俺たちに任せろ」と前に出るのがユダヤ人です。おカネ、金融となったら彼らの出番。

もともとカトリック教会は、「時間は神のもの」だから、商人に「金を貸して利息を取る」ことを禁じていました。だからイタリアのバンコは手数料商売を行っていたという話は、すでにしましたよね。この例外が異教徒のユダヤ人でした。おカネの貸し借りなどを「いやしいユダヤの仕事」として異教徒に押しつけたわけです。

ユダヤ人は、利息を意味する「ウズーラ」と罵声を浴びながら、おカネの貸し借りなどで生計を立てていました。彼らは生きのびるため、金融について知恵をつけ、積極的に情報収集を行っていました。これによってキリスト教徒よりはるかにおカネまわりに強くなり、「金融に強いユダヤ人」となっていきます。

たしかな金融ノウハウを持ち、各地の情報を収集しているユダヤ人の存在は、オランダ商人たちを資金面で下支えしました。

実業ビジネスを行う商売人に加えて、それを後ろから金融で支えるユダヤ人。この実業と金融のスーパータッグによって、オランダはまたたく間にヨーロッパの近海貿易を支配します。ローマ人が住むことさえ嫌がった北の低地は、こうしてヨーロッパ随一の経済国となっていったのです。

†後発組として東インド航海へ進出

カール5世とフェリペ2世の「会計嫌い」親子がそうだったように、スペインは政治・外交・軍事には熱心でも、財政をめぐるおカネ問題は苦手でした。つまりスペインは「政治・外交・軍事が上で、おカネが下」だったわけです。

これに対して労働を美徳とするプロテスタントが建国し、商売好きが集まったオランダはむしろ逆でした。「おカネが上で、政治・外交・軍事が下」という雰囲気です。

それがハッキリわかるエピソードがあります。

独立戦争のとき、ネーデルラント側にベイラントという商人がいたそうです。彼はあろうことか、戦争中、敵国スペインに武器を売って商売していた。オランダが独立を果たしたあとになってその行為が問題とされ、彼は裁判にかけられます。

ここでベイラントは無罪を主張するわけです。

「ここは商売人の国だろう。武器を売って商売して、どこが悪いんだ」って。

政治・外交・軍事を重くみれば犯罪かもしれないが、ここは商売の国じゃないのか、とそんな主張ですね。結果として、なんと彼に無罪判決が出ました。ふつうこんな判決出ませんよね、さすが商売の国オランダ。

そんな国ですから、「商売・金儲け」の勉強をすることは決していやしいことでなく、むしろ奨励されているんです。

オランダ人はイタリア生まれの簿記を、国を挙げて熱心に勉強しました。子どもたちから商売人、政治家に至るまで、しっかり簿記を学んでいたようです。もちろん商人たちはきっちりと帳簿をつける。そんな会計重視の姿勢がありました。

スペイン人が「いやしいもの」あるいは「めんどくさいもの」と敬遠していたおカネや会計について堂々と学び、商売に精を出すオランダ人。そのおカネに対する「健全な欲」が資本主義の歴史に残る発明を生みました。まずはひとつ目が株式会社です。

ヨーロッパの近海貿易を支配したオランダは、そこで満足することなく、その先へと商売を進めます。それが遠い東インドへの遠洋航海でした。ここからの彼らのビジネス快進撃は第2幕といったところ。

大西洋を南に進み、アフリカ南端の喜望峰をぐるっとまわりつつ東アジアを目指す東インド航路。それはスペイン・ポルトガルがすでに開拓、船を出していた航路です。

もともとはコショウなどが東方からペッパーサックたちの駅伝リレーによって運ばれていたのを、直接航路によって中抜き貿易したスペインとポルトガル。大きな儲けを手にしたカトリック両国は、さぞや神に感謝の祈りを捧げたことでしょう。

それを黙って見ていられなかったのがオランダ商人たち。憎《にっく》きカトリックのスペイン・ポルトガルに儲けを独占させてなるものか。海の商売なら俺たちも負けないぜ、と臆することなく、後発組として東インド航路へと突っ込んでいきました。そのために用意された組織が、有名な「東インド会社」です。

†株式会社と証券取引所の誕生

ちなみに、東インドへ向かったオランダ船のレプリカがアムステルダムの博物館に置かれていましたが、私はその大きさにビックリしました。この船には大砲が付いており、右舷・左舷の両側に4門ずつ搭載されています。これを載せるには大きくかつ丈夫な船でないと無理です。

すでに陸上の独立戦争は終わっているものの、海の上は話が別だったようで、オランダはスペイン・ポルトガル船と海上でやりあうことが多々ありました。「奴らを見たらぶっ放せ」とやる気マンマン。戦いに備えて、数隻の大船団で海に出ます。1隻で出て、多数の敵に囲まれたら、撃たれて沈められますから。当時の船は商用と戦闘用を兼ねており、だから図体がデカく、複数の船で出航していたわけですね。

デカい大型船をたくさん用意すると、それを泊めおく港湾設備の増改築も必要です。こっちのオランダの港だけじゃなくて、目的地の港も整備しないといけない。さらには現地でさまざまな交渉をするためには、交渉担当者が住むための住まいも必要です。

そんなこんなで、東インド会社はかなり巨額の資金を必要とする事業になったようです。

さらには1回限りでなく、何度となく船を往復させて行うには長期的な資金調達が必要になりますよね。このような「巨額かつ長期的な資金」を短期の借入で調達しては、慌ただしくてしかたありません。

なんとか巨額の資金を長期安定的に調達する方法はないものか？

——この悩みに対するソリューションとして登場したのが「株式会社」制度です。

画期的な発明が現れる背景には「新たな難問」が存在します。その難問を解決すべく「新たな発明」が登場するのです。

イタリア商人たちがあちこち旅して盗賊に遭う危険が出てきたとき、バンコが「為替手形」サービスを解決策としてつくった。

こんどはオランダ商人たちが東インドへ航海をするための「巨額かつ長期的な資金の調達」という難問を解決すべく登場したのが株式会社です。

株式会社は、画期的でユニークなアイデアでした。なにせ、返済しなくてもいい資金調達の方法を編み出したのですから。借りた金は返さないといけませんが、出資してもらうのであれば返済義務がありません。その形式をつくるために、「会社のオーナーは株主である」という理屈がつくられました。

オーナーである株主には、儲かったときだけ儲けに応じた配当を差し出せばよい。儲からなかったときは、ごめんなさいとお詫びだけして、配当は行わない。

この株式会社制度を使えば、返済のたびに悩む必要がなくなります。こうして見れば、とてもうまくできた仕組みですよね。

ここで大きなポイントは、株式会社の登場によって「所有と経営の分離」が発生したことです。少なくとも形式上、株主が所有者＝会社のオーナーになったことは、資本主義の大きな転換点であるといえます。

さらには会社の所有者たる株主に対して、自ら持つ株券を換金する場所まで用意しました。それが証券取引所、株を取引するマーケットです。これによって株主は、株を所有し続けて配当をもらってもいいし、株式を売ってもいい。配当のインカムゲインと売却のキャピタルゲイン、このふたつの選択肢から好きなほうを選べるようになりました。

このようなアイデアの裏に、金融に長けたユダヤ人のノウハウがあったことは間違いありません。やはりイノベーションには異質な才能が必要なんですよ。

3 短かったオランダ黄金時代の教訓

†チューリップ・バブルの皮肉

新しい発想と人を歓迎する精神。おカネのことを熱心に学ぶ勤勉さ。これによって歴史に残る株式会社と証券取引所を生んだオランダですが、ここからが少々問題なのです。

彼らのおカネや儲けに対する欲が「健全な欲」の範囲に収まっているうちはよかったのですが、そのうちに「強欲」ともいえるゾーンに足を踏み入れはじめました。それが「行きすぎたマーケットの暴走」です。

東インド会社の株式が証券取引所で売買されるようになった当初、それはかなりの人気となりました。人々の関心が集まり「ひとつ買ってみるか」と考える人が増えると、株価が上がります。株価が上がると、さらに買いたい人が増えます。そのような好循環によって東インド会社の株式には多くの投資マネーが集まりました。そこにはオランダ人の商売好き・会計好きの気質が大きく影響していたことでしょう。

株式投資で儲けた人は、次の儲けを求めて投資先を探します。アムステルダムでは各種マーケットにて、さまざまな品が売買されていました。そのうち、意外なモノが売買され、評判を呼びました。それがご存じ、チューリップです。

オランダにてチューリップの球根が高値で売買され、世界初のバブルになりました。

この話を聞いたことがある方、いらっしゃいます？　手を挙げてもらえますか？

あ、やはり、けっこういらっしゃいますね。ありがとうございます。

このチューリップ・バブル、とんでもなく皮肉な出来事なんです。なぜなら、チューリップは、もっともバブルから縁遠いはずの花だからです。

もともとチューリップはプロテスタントの質素倹

約精神を体現する花なんです。対するカトリックを代表する花といえばバラあるいはユリ、どちらもゴージャスで派手派手しいですよね。スペインの宮廷画家を目指したエル・グレコの絵にもバラとユリが右下に描かれています（74ページ参照）。そういうのきらいなんですよ、プロテスタントは。

もっとかわいくて、可憐な花がいいよね、って。それがチューリップなんです。プロテスタントは、一生懸命働いて、ちっちゃい家に住んで、庭を可憐なチューリップで飾る。これが粋な生き方なんです。そんなチューリップが世界初のバブルになってしまったのですから、これは皮肉ですよね。

チューリップ・バブルは、フランスからやってきたクルシウス教授が品種改良に成功したのが事の始まり。

「これは珍しい、ぜったい欲しい」と、たかが球根に、家一軒ぶんのお金を突っ込む人が出てくるんですね。こうなると、欲しいものはチューリップの球根じゃないんです。カネなんですよ、カネ。儲かるんだったら株でも球根でも、何でもいいんですね。こうしてチューリップは金融商品となってしまいました。しかし、価格が上がるところまで上がってしまうと、あとは下がるだけ。この歴史に残るバブルはあっけなく終わりました。

†金融商品は下がるときにはすべてが下がる

以上がチューリップ・バブルです。

まじめに働くのが美徳だったはずの質素倹約プロテスタントの国で、その精神を表すかわいい花がバブルになってしまった歴史の不思議。チューリップ・バブルの崩壊は、単に「花が散った」ことだけですみませんでした。

歴史的に、何かの品がバブル的に高騰したとき、その品の値上がりは他の品にも波及します。つまり、複数資産の価格が同時に上がりはじめるのです。チューリップのバブルのときには東インド会社の株式やその他の商品価格も上がる。それはいいのですが、問題はそのバブルがはじけたときです、下がるときにはすべての資産価格がいっぺんに下がるんですね。日本のバブルのときもそうでした。1980年代のバブル期、株式の値上がりと同時にマンションや土地の価格も値上がりした。ゴルフ会員権も上がった。そして1990年代のバブル崩壊で、これらすべてが値下がりしました。

バブルとその崩壊は歴史的に繰り返します。いまで言えば、ビットコインなどの取引にはせいぜい気をつけましょうね。

それからもうひとつ。経済を動かすためにはモノを動かす実体と、それを支える金融、このふたつが必要です。当時のオランダでいえば、造船・海運・貿易が実体で、資金関係が金融。オランダはこのうち実体経済のほうでは大成功を収め、金融面でも株式会社と証券取引所を発明する革新を成しとげた。しかし、金融のほうが行きすぎて暴走してしまった。それがバブルの発生と崩壊です。やっぱり金融があまり前に出過ぎちゃいけないんです。実体の経済を支える縁の下の力持ちくらいがちょうどいいようです。

†東インド会社、3つの失敗とその後の会計発展

世界初の株式会社として設立された東インド会社、それはまちがいなくオランダが生んだ偉大なチャレンジでした。

17世紀はじめに華々しくデビューしたこの会社、だんだん調子が悪くなり、最後は潰れてしまいました。しかしこれは「泡と消えた」わけではありません。

この会社が失敗してくれたからこそ、その後の会計が発展したといっても過言ではありません。東インド会社が「うまくいかなかった」理由をみると、その後の会計制度がまるでそれを反省するかのように発展していることがわかります。

そこで、東インド会社の「3つの失敗」について説明しましょう。

まずひとつ目。それは航海中に船員が盗みを働いていたことです。航海の間、積み荷の香辛料をせっせと盗んでいた。当時の記録によると「昼間の取引より夜の取引のほうが活発だった」そうです。いくら香辛料の粒が小さく盗みやすいからって、これはまずいですよね。船長さんが見つけても、「何やってんだ、俺にも盗ませろ」みたいな感じで、まったくチェック機能が存在していません。

我々の言葉でいえばコーポレート・ガバナンスの欠如。株主は経営プロセスをいちいち監視することができないので、「ミスや不正が起こらない仕組み」が必要なんです。これがコーポレート・ガバナンス、企業統治です。

中世のイタリアでは神様がガバナンスだったのです。悪いことをすると神様が見ていてバチが当たる。だから商人は悪いことをしないよう気をつけた。しかし神から人間中心の時代になって、神様のガバナンスが効きにくくなってしまった。そうなると経営者自らがガバナンスの仕組みをつくらねばなりません。

オランダ東インド会社はその仕組みがなかったことで、株主から不信感を持たれてしまいました。この失敗以降、株主が安心して出資できるよう「経理の仕組み」に加えて「ミスや不正が起こらない仕組み」までを構築することが求められるようになっています。

では次のふたつ目の失敗。それはオランダ人が香辛料に固執しすぎたことです。オランダ人もご多分に漏れず、香辛料が大好きでした。東インド会社も船でせっせと香辛料を運びました。最初は儲かりましたが、他国との競争によって儲けが薄くなり、だんだん儲からなくなってきます。いつの時代にも、儲けが大きい商品には必ずライバルが参入してきて、価格破壊が起こりますから。それでもオランダ人は香辛料に固執するんですね。これは「売れ筋を見誤った」ってことです。

いまでいえばテレビみたいなもんですよ。昔、家電メーカーはテレビをつくっていれば儲かったけど、いまはぜんぜん儲からない。テレビ製造から撤退する会社が出ていますが、当時のオランダは香辛料から撤退するタイミングを逃してしまったのですね。

そのうちお茶とか、絹織物とか、別のモノが売れ筋になるのですが、そっちの商品をイギリスに持っていかれてしまった。これも他人事じゃありませんね。私たちも商売やってたら気をつけましょう。儲からない商売に固執してはダメです。

このような過ちを繰り返さず、「売れ筋を見極める」ために会計ではセグメント情報が発展します。これは商品別・地域別・拠点別などに数字を分けて、売上や利益を見るものです。

最後に3つ目。東インド会社は株主にいい顔をしたかったようで、気前良く配当をしすぎてしまいました。これで内部留保がたまらなかったのです。当時は配当についての「あるべき論」が存在しません。経営者はそのときの気分で配当しているわけです。

会社の経営では、不慮の事態が起こったときに備えて蓄えをしておかねばなりません。これが内部留保です。では、どれだけ配当して、どれだけ内部留保すべきなのか。東インド会社以降、「あるべき論」が整理されてきました。これがコーポレート・ファイナンスです。

こうしてみると、過去数百年の会計の歴史は「東インド会社の失敗」を反省するように発展していることがわかりますね。盗みが起こらないようにチェック機能をつくろう、売れ筋を見極めよう、外部流出は慎重にしよう、と。これがガバナンス、セグメント、ファイナンスです。

果敢なチャレンジが失敗に終わったとしてもそれは決してムダじゃないんです。

誰かがその失敗をやらかしてくれると「穴」がわかる。なるほど、こういうことやっちゃまずいんだ、ここ改善すれば上手くいくんだって。何もやらなきゃ失敗もなく、改善の方法もわかりませんから。この点、スペインの杜撰な会計による財政危機は「後ろ向きの失敗」でしたが、オランダ東インド会社の失敗は「前向きな失敗」だったといえるでしょう。あと、もう一点、オランダの前向きな失敗が残してくれた教訓があるとすれば、それは「金融が前に出すぎてはいけない」ということでしょうか。

†「自分のため」から「他人のため」へ

そろそろ今回のオランダ編のまとめに入りましょう。

オランダは質素倹約を旨とするプロテスタントが建国した国です。だから食事がおいしくない。私も行ってみてわかりましたが、ほとんどおいしい食べ物がありませんでした。これはかなりの偏見かもしれませんね、オランダ人の皆さん、ごめんなさい。でも、チーズはまちがいなく美味しい。これは私が保証します。でもチーズ以外はベルギーのほうがおいしかったです。あと、オランダの教会は質素でインスタ映えしない。これも豪華で写真映えするのはベルギーのカトリック教会ですね。

そんなオランダですが、会計の歴史に燦然と輝く発明を誕生させました。それが株式会社と証券取引所です。さらに、これによって「所有と経営の分離」と呼ばれる概念が誕生しました。これは資本主義の歴史にとって重要なターニング・ポイントです。

小規模商売では、商売人が自分の金を資本に商売を行います。そこでは、当たり前に「所有者が経営者である」わけです。その当然が株式会社になって変化します。

株式会社では株主が所有者であり、経営者は雇われて働く人になりました。資金を返済しなくてすむ調達の方法を編み出した結果として「株主が所有者である」という建前ができてしまったのです。そうすると経営者は「株主のため」に働かねばなりません。

ここで経営者は自らが働いた結果をきちんと記録計算し、株主に説明しなければなりません。この説明＝account for が会計の出発点です。会計は英語で accounting ですが、これは account for からきています。きちんと活動の結果を記録計算し、それを決算書としてまとめて株主へ説明することが株式会社では求められます。

つまり、イタリア商人は「自分のため」に帳簿をつけていましたが、オランダ株式会社の経営者は株主という「他人のため」に帳簿をつけ、決算書を作成するわけです。

それからもうひとつ、重要な変化があります。それは、プロテスタント国の誕生によって、それまでとは異なる労働観が現れてきたこと。これは目に見えない価値観の変化なので少しわかりにくいかもしれません。

プロテスタントたちは、働くことが大好きなんです。オランダに多かったカルヴァン派は「働くことは、いいことだ」という価値観を持っています。それはカトリックには存在しなかったものです。「労働は苦役」と感じるカトリック諸国に対して、新たに登場した「労働は善だ」とするプロテスタント。ここは労働観の大きな分岐点になりました。

当然ですが、大いに働き、大いに儲けるのが好きなプロテスタントたちのほうが会社経営を成功させ、経済をうまく回します。この系譜はオランダから、イギリス、アメリカと続いていきます。しかも「働くこと、儲けることは美徳である」感覚が、どんどん増幅されていくわけです。

これらのプロテスタント系諸国はいわゆる経済大国として、その後の歴史で存在感を示します。だからGDPや経済成長率が高い。でも食事はまずい。あとは残業で働き過ぎて体を壊し、夫婦仲が悪くなって、「働き方改革」が話題になる。

これに対して、「労働は苦役」のカトリック諸国、イタリア、スペイン、フランスなどはどちらかといえば経済指標がいまいち。働き方改革など話題になりません。そもそも彼らは働きませんから。でも、その代わりに私生活を充実させるのが好きで、食事がおいしい。

とまあ、ざっくりこんなちがいが出てくるわけです。こうしてみると、私たち日本人は無宗教の人が多いクセに、なんとなくプロテスタントの道を歩んでいる気がしますよね。知らぬ間に隠れプロテスタント（笑）。

その理由は、経営や経済を運営するお手本を、アメリカとイギリスに求めてしまったからだと思います。これは私の意見ですが、いかがでしょうか。

こうして、私たちの「無意識の思いこみ」の理由を知ることができるのも、歴史を学ぶメリットであり、楽しさです。

最後に今日の教訓。「働くことはいいことだ・儲けることはいいことだ」の精神はたしかに大切。でも、人生はそれだけじゃありません。おいしいお酒と食事を楽しむカトリック精神も大事にしないと。というわけで、今夜も楽しいお酒を召し上がってください。よろしければ、おつまみはチーズをどうぞ。では、また次回お会いしましょう。

第四章

決算書を情報公開した浪費国家の混乱〈フランス〉

——プライベート所有からパブリック公開の時代へ

1 王侯貴族のムダ遣いと苦しむ市民たち

†絵画と決算書は「つくる」前に「読む」こと

さあ、今日はフランスですね。芸術の国、フランス。

私は最近、講義や原稿で絵画を扱っていることもあり、ありがたいことに美術界の関係者からお声がけいただく機会が増えました。東京画廊オーナーの山本豊津《やまもとほづ》さんとは対談本まで出しました。これはもう、夢心地でしてね。というのも私、美術の成績がずっと「2」だったのです。5段階の2、つまり劣等生。

小学生の頃、ずっと美術という科目が苦手でした。それを山本さんに話したところ、「それは田中さんのせいじゃなくて、日本の美術教育がおかしいんだよ」と。美術の授業が「実技教育」に偏りすぎているのだそうです。

たしかに小学校のとき、行きたくもない写生で、おもしろくもない風景を描かされ、苦痛でしょうがなかった。その上先生にダメ出しされ、子ども心に「自分には才能がない」

と思い知るわけです。

山本さんによれば、その教え方こそが問題であり、だから日本に目利きが育たないとおっしゃいます。絵を描かせる前に、子どものうちから名画を鑑賞して「いいなあ」と感じる機会をつくることが大切だと。手を動かす前に、まずは見る目を養うこと。それを聞いて、「なるほど」と膝を打つと同時に、「会計も同じだ！」って思いました。

そう、これは会計初心者も同じなんですよ。多くの初心者が簿記の実技から入って挫折してしまう。入り口で簿記を学んだ初心者の多くが「おもしろくない」と思ってしまうのです。美術も会計も同じ。まずは「読める」ようになること。これを先にやったほうがいい。絵でいえば「見る楽しさ」を経験すること、会計でいえば「読む楽しさ」を学ぶこと。これを経験した上で、先へ行きたい人は「実技」へ進めばいいんです。

実はそんな「見る」から「つくる＝描く」の順番で、芸術家育成のプログラムを立ち上げようとしたのがフランスなんです。

以前、フランスの王様、フランソワ1世が晩年のダ・ヴィンチをフランスへ招いたことはお話ししましたね？　それがキッカケで、モナ・リザはフランス所有になりました。この一件からわかるように、フランスはイタリア絵画に憧れていたのです。

「イタリア絵画って、いいよなあ」とうっとり眺めていたのはフランソワ1世だけではありません。フランスの王族や貴族は、みんなイタリア絵画〝推し〟でした。

鑑賞するだけではガマンできず、みんな揃ってイタリア絵画を買い求めます。そうするとおカネはフランスからイタリアへ流れます。当時の重商主義の考え方のもとでは、金銀の量が国の富を決定すると言われましたから、イタリアから絵画を購入して金銀が出て行くのは具合が悪い。そんな事情もあってフランスは「なんとか絵の輸入国から輸出国になろう！」と決意を固めました。

ここでフランスは芸術家を育成する教育システムをつくろうと志します。それが17世紀半ば、フランスで設立された王立の絵画彫刻アカデミーです。この設立の背景には、「イタリアに追いつき追い越せ」という芸術面の負けん気とともに、「なんとか輸出で金銀を増やしたい」という経済的な思惑もありました。なぜならアカデミーが設立された頃、すでにフランス国家財政はかなり悪化していたからです。

†酔っても女性がきれいでいられるお酒

イタリアのロレンツォ〝豪華王〟もそうでしたし、この時代のフランス王、ルイ14世

〝太陽王〟もそうですが、とにかく「殿、ご乱心」的な大盤振舞が目立ちます。

これは芸術家にとってはありがたいですが、その舞台裏で国の金庫はだんだん寂しくなります。芸術を育てることと、金を貯めること――この両立しにくい二律背反を解決する上で、フランスの「アカデミー」はすばらしいアイデアでした。若い才能が学ぶ機会を広く提供しつつ、しかも絵を輸出することで経済的に潤うのですから。

当時の彫刻家や画家はまだ「職人さん」なんです。芸術家といえるほど社会的な地位が高くない。レオナルド・ダ・ヴィンチもそうでしたが、若いとき師匠に弟子入りして修業するんです。これだと教育レベルが師匠個人の資質と教え方次第になってしまいます。

そんな古くさい徒弟制を改め、フランスは教育制度改革に乗り出しました……と、ここまでは素晴らしいアイデアですが、問題はここから。

その学校が「王立」で設立されたことで、アカデミーでは王や貴族、聖職者の好みがそのまま反映されてしまいました。学生の好みや自主性などまるで無視。「こんなふうに描け」と上から目線で命令される。この権威に従順な生徒がいる一方、反抗する不良も出てきますよね。その不良というのが有名な「印象派」なんです。それはともかくフランスのアカデミーは王侯貴族好みの保守的な方向で絵画教育が行われました。

そのアカデミーを代表する画家がフランソワ・ブーシェです。ブーシェは王侯貴族好みの絵画を描き続け、ルイ15世お抱え画家となり、さらには王の公妾ポンパドゥール夫人にも気に入られました。この絵、『ポンパドゥール夫人』はブーシェが彼女を描いたものです。

柔らかく、少女マンガチックな雰囲気。これが王侯貴族に愛好されたロココ絵画です。ロココ絵画のファン、多いですよね。見ていると辛いことを忘れるというか。貴族だけでなく、世界中にファンがいるのもうなずけます。

この絵の雰囲気のとおり、ポンパドゥール夫人はずいぶん優雅な生活を送っていました。シャンパンがお気に入りの彼女、シャンパーニュ地方の都市ランスから毎年のようにシャンパンを取り寄せます。「おいしいの、たくさん持っていらっしゃ〜い」ってね。これに「へーい、お持ちしました!」と届けていたのがモエ。その後、モエが有名ブランドになっていったのはご存じのとおり。

ポンパドゥール夫人、「シャンパンは女性を美しくさせる唯一の飲み物です」と名言を残しています。うまいこと言いますよね。すばらしいコピーセンス。広告代理店や、マスコミの人はぜひ見習いましょう。

フランソワ・ブーシェ『ポンパドゥール夫人』(1756年)

このポンパドゥール夫人の肖像画、模倣された絵がたくさんフランス中に出回ったそうです。きっと多くの人がこの絵のコピー画を部屋に飾ったのでしょう。若い男の子が女性アイドルのポスターを貼る習慣はここからはじまった。だからポンパドゥール夫人はAKBや乃木坂のさきがけ、「元祖アイドル」なんです。それとともに、夫人の髪型が「ポンパドール」の名で女性にも広がった。というわけで、ポンパドゥール夫人は男性にも女性にも人気のアイドルでした。

でも、本当に夫人が人気だったかどうかは少々怪しいです。一部の若者にはあこがれの目で見られていましたが、別の人たちは苦々しく見ていた。「いいよな、優雅にシャンパン飲んで」ってね。

†「働かないことが自慢」の王侯貴族

ポンパドゥール夫人とルイ15世の当時、先代から引き継いだ負債がいよいよ膨らみ、増税に次ぐ増税が行われていました。ポンパドゥール夫人のシャンパン代は、市民たちの税金によって賄われていたのです。

この時代、驚くべきは当時のフランスの王・貴族・教会関係者を引っくるめた「特権階級」とそれ以外の「一般市民」の割合なんです。

総人口に占める特権階級の割合はずっと3％未満なんです。ということは、残りの一般市民が圧倒的多数。ごく少数のムダ遣いが、大多数の一般市民によって賄われていたということです。

問題は圧倒的多数の市民たちが、どれくらい税金を取られていたかです。

ここはクイズにしましょうか。じゃ、3択で。当時フランス市民が負担していた税負担は何％だったと思いますか？

①50％
②65％
③80％

正解は……「③80％」です。ということは市民たちの手取りは20％しかありません。税制はころころ変更され、時々で税率がちがいますが、だいたい80％は取られており、なかには90％に達する年もあったようです。

もちろん税金は市民のための街づくりや、フランスの平和を守る戦争にも使われていま す。でも、自分たちの支払った税金が特権階級のムダ遣いに消えていることは市民たちにもわかります。ポンパドゥール夫人のポスターを見ながら「おのれ、このムダ遣いのせいで」と市民たちが怒りをたぎらせていたことはまちがいありません。生活が苦しい市民は、「シャンパンはいいから、俺たちにパンをよこせ」と不満タラタラ。

どうしてこんなひどいことがまかり通っていたのでしょうか?――それを読み解くカギが「自慢」なんです。人間はいつの時代にも何かを自慢したい生き物です。それはSNSを見ればわかりますよね。みんないろんなことを書いて「いいね」と言われたがっているじゃないですか。「何を自慢するか」は、時代や場所によって異なりますが、当時の王侯貴族にとっては「働かないこと」が自慢でした。

おそらくその根底にはカトリックの「労働は苦役」感覚があったのだと思います。とにかく彼らは働かない。働かないだけならまだしも、その上に贅沢三昧をやらかす。これでは市民たちが怒って当然です。

そうそう、その良し悪しはさておき、「働かないことが自慢」という人たちが、21世紀になって改めて登場しているように思います。それが、最近よく話題になる「FIRE」

をめざす人たち。

ＦＩＲＥって知ってますか？　Financial Independence, Retire Early の略で、経済的自由の意味です。現役で働く間に株式投資をして、あくせく働かないでも大丈夫なように配当などの不労所得を増やす。それによって早めにリタイアして自由に生きよう、と、そんな考え方です。これ、なんとなく似てませんか？　フランス貴族と同じで「働かないことが自慢」なところが。やっぱり歴史は繰り返すんですよ。

†ノーモア・スペインの秘策

先ほど紹介した芸術家育成のアカデミーが設立されたのは、太陽王と呼ばれたルイ14世が王様だった１６４８年です。

フランスの王様はここから１５０年の間に、ルイ14世・15世・16世と3代が続きます。そして１７９３年、ルイ16世は断頭台で処刑され38歳で生涯を終えました。これがご存じフランス革命です。

この１５０年はフランスにとって激動の時代だったわけですが、それはまさにフランス財政が悪化した時期と重なります。豪華な宮殿建設、戦争、海外への植民地拡大などに金をつかいすぎて貧乏になり、それを補うため国民に重税を課して怒りを買ってしまった。その怒りが革命というかたちで爆発してしまったわけです。この時代、国家財政を管理するための公会計の仕組みなど存在しません。だから王様や政治家など国を率いる指導者は、自らその仕組みを考案しないといけません。しかしながらそれがとても難しいことは、すでにスペインの転落が証明しています。

「ノーモア・スペイン」

フランスの王様や指導者たちも、それは理解していたようです。ルイ14世・15世・16世、3代にわたってフランスの王様は、財政再建の道を模索します。ただ、もっとも重要であろうと思われる「王族・貴族のムダ遣い」にはなかなか手をつけられませんでした。それは既得権益の聖域なんですね。3人の王のなかでは、意外にもルイ16世が王侯貴族への免税特権にメスを入れようとしますが、これは失敗しました。

3代の王様は、財務の右腕たる金庫番とタッグを組んで財政再建を行おうとしました。この点は、これという金庫番がいなかったスペインより大きな前進といえるでしょう。

3人の王様が見つけてきた金庫番は、かなりタイプのちがう人でした。それが「キッチリ男・ほら吹き男・やりすぎ男」の3人です。あ、これは私が勝手につけたネーミングですので気にしないでください（笑）。

王様たちは、自ら表に立って政治・外交・芸術面のかじ取りを行いつつ、お金については彼らの協力を仰ぎます。これから順番に、王様&金庫番コンビの物語をお話しすることにしましょう。

2 王様と財務の右腕のタッグは成功するか?

†キッチリ男コルベールの徴税請負人制度

まずは、ルイ14世から話をはじめましょう。かのフェリペ2世の曾孫であるルイ14世、「俺はご先祖の過ちを繰り返さないぞ」と固く心に誓ったのか、若い頃から金庫番の重要性についてしっかり理解していました。財務の右腕、そして会計の先生としてコルベールを選びます。

コルベール先生、シャンパンで有名なシャンパーニュ地方ランスの出身。ポンパドゥール夫人にシャンパンを届けたモエと同じ地域の出身ですね。しかしコルベールはモエとはちがってシャンパンはつくらず、金融の仕事をしていました。若い頃から商売・金融・会計を学んでいます。もちろんイタリア式簿記もお手のもの。彼はそんな知見をもとにフランス財務総監として数々の改革を行いました。

ちなみに若きルイ14世もコルベールから簿記を学んでいます。はじめは「けっこうおもしろい」と思ったみたいですよ。途中から、飽きてしまったようですが。

コルベール改革のひとつが、税制の見直しです。それまでにあまりにも複雑になりすぎたフランスの税金について整理を行います。合わせて徴収制度の見直しにも着手しました。それが「税金徴収業務の民間委託」です。国民から直接に税金を徴収するのは手間と時間がかかるので、徴税請負人の制度をつくり民間に委託したわけです。

この徴税請負人の制度、簡単にいえば税金徴収の権利を民間希望者に売りつける行為です。税務署のフランチャイズ化とでもいいましょうか。

国にとっては都合のいい制度でしたが、これ、いろいろと問題がありました。そのひとつが徴税請負人たちが威張り散らし、あちこちで過酷な取り立てを行ったこと。さらには現場の徴税請負人が直接国家に税金を届けるのではなく、その間にいる何人もの役人がこっそり懐に入れるわけですよ。そんなこともあって、市民から悪評フンプンの制度でした。

そうそう、パリに国立のピカソ美術館があります。私も数年前に訪れましたが、その建物が「塩の館」という名前なんです。

どうしてその名前なのかと調べたところ、その昔、塩税の徴税請負人が建てた館でした。塩税の徴税人が建てた館だから塩の館。これ、どうやら悪口なのです。あの野郎、塩税でしこたま儲けて、あんな立派な家を建てやがったぜ、とそんなかんじ。どうやら塩税は数ある税金のなかでもっとも高税で嫌われており、ときには塩価格の10倍も課されていたようです。これで塩の館が建ったら市民は陰口叩きたくなりますよね。

ピカソの子孫もフランスの税金にずいぶん苦しみました。彼の死後、絵画を相続した子孫に多額の相続税が課せられますが、これがとんでもなく高額になり、「どうかご勘弁を」と子孫。そこでフランスは税制改正して絵画の物納を認めたそうです。その際、国家に物納された絵画が塩の館に飾られているわけです。こうしてみると、ピカソもつくづく税金に縁がある人ですね。

さて、税金請負人制度をつくるなど、赤字削減を目指した「キッチリ男」のコルベール、海外への対応も行いました。アメリカのルイジアナ地域に所有する領土にフランスの国有会社を設立し、この地の開発に着手。なんとその頃、ミシシッピ川はコルベール川と呼ばれていました。実はこのルイジアナの会社がフランスにとって大きな火だねとなり、次のルイ15世のときに〝大炎上〟することになります。

ルイ14世は亡くなる直前、「私の真似をしてはならん。臣下の負担を軽くしてやれ」と言い残したそうです。しかしその願いは残念ながら叶いませんでした。

†ほらふき男の起こしたフレンチ・バブル

続きましてはルイ15世です。ポンパドゥール夫人とシュワシュワのシャンパンを楽しんだこの王様、その一方で歴史に残るバブル事件に巻き込まれました。

こちらの泡、つまりバブル崩壊はフランスのみならずイギリスへも波及し、ヨーロッパに大騒動を巻き起こします。そのおかげで「株式会社は危ない」との評判が立ち、せっかくオランダで誕生した株式会社と証券取引所の制度の普及が遅れることになりました。

ピンチのときや苦しいとき、つい甘い言葉に引っかかってしまうものですが、ルイ15世がやられたのは〝ほら吹き〟で有名なジョン・ローという人物。

スコットランド生まれのローは賭博が大好き、女性トラブルで殺人を犯して投獄されます。その後、脱獄してアムステルダムに逃げのび、そこで金融や経済を学びつつ再起を図ります。少しずつ政治の世界にも食い込み、パリの賭博場でオルレアン公と出会ったことがキッカケで国王のお近づきとなりました。

極度の赤字に苦しむルイ15世に対し、ローは「国の赤字を消して見せましょう」と大風呂敷を広げます。その壮大にして奇想天外なアイデアとは、株式会社を利用して国の借金を消すというプランでした。

まずはアメリカ・ルイジアナのミシシッピ開発を担保とした紙幣を発行、彼はそれを発行する中央銀行「バンク・ロワイヤル」の初代総裁に就任します。金や銀を担保にするのではなく、「土地開発を担保にした紙幣」というところがすでに怪しい。その後、海外の貿易特権などを集中させて「ミシシッピ会社」を設立、国債をこの会社の株式へ転換できるようにしました。

この紙幣・国債・株式の新しいスキームについてよくわからないまま、市民たちは争うように株式への交換に殺到します。ローはミシシッピ会社への投資をあおり、この株式はフランス人のみならずヨーロッパ各地の人々まで巻き込む熱狂的人気となりました。しかし実体の伴わないミシシッピ会社の株価はバブル化したのち暴落、このヨーロッパ中を巻き込んだ夢の計画はあっけなく破綻しました。フランス財務総監にまで出世したローはその職を辞任したのち、偽造パスポートを手に海外へ逃げました。かくしてフランス財政赤字解消の夢は泡と消えたのです。

ローが去ったあと、フランスでは再び徴税請負制が強化されました。市民たちは国を信じて行った投資がパー、その上、さらに徴税請負人から苦しめられる辛さを味わうことになります。このあたりですでにフランス革命へのカウントダウンがはじまったと考えてよさそうです。

フランス中が夢破れたあと、財務総監に就任したのがシルエットという人物です。彼の時代、あっとおどろく空気税が検討されました。この空気はフランス国家のものだから、これを吸った者にはフランス国家に税金を払えと。これが真剣に検討されるほど国家財政が苦しかったのですね。

さすがにこれはボツになりましたが、「ケチな上にバカ」と言われてガックリ落ち込んだシルエット。傷心の彼が好んだのが、安上がりでつくれる「切り絵」です。これによって切り絵が「シルエット」と呼ばれるようになりました。皆さん、どうか切り絵を見たら、フランスの財政難を思い出してください。

†国の決算書を公開したやりすぎ男

いよいよ悲劇のルイ16世です。革命の混乱のなかで若き生涯を終えた王様。

その市民革命のはじまりとして説明されるのが、バスティーユ監獄の襲撃です。実はこの襲撃の3日前に、当時の財務総監がクビになっています。これが市民の怒りに火をつけたのもしれません。その彼の名はネッケル。

ルイ16世の金庫番ネッケルはスイスの銀行家、商売好きのプロテスタントでした。プライドの高いフランス人がわざわざ外国から、しかもプロテスタントを招いたのですから、これは異例のことです。それだけ財政赤字が深刻化していたのでしょう。スイスの銀行家を招いたことは、その人物の知識だけでなく、スイスの金融家に対するコネ、人脈に期待したのはまちがいありません。この段階でフランスは新たな融資を受けることも難しくなっていたのです。

この「スイスから招かれたプロテスタントの銀行家」がフランスの財務を担うことについて快く思わない人は多く、改革はネッケルの思ったとおりに進みません。

なかなか進まない財政改革と妨害に業を煮やしたネッケル、とんでもない手段に打って出ました――それが「国家の決算書の公開」です。

これ、私たちにはいまいちピンときません。「なぜ決算書の公開が問題なんだ？」って思ったでしょ、皆さん？　それは私たちが「情報公開が当たり前」の世の中を生きているからなんです。この時代はそうじゃなかった。国の決算書は公開などされません。とくに王侯貴族の間には秘密主義が強く存在しており、表向きをきらびやかに見せても、裏側は見せない空気がありました。「裏側の苦労は人に見せない」との心がけは素晴らしいと思いますが、国家の財政状態は市民たちの徴税に直結します。

決算書を見せなかったのは、苦労を見せない潔さというよりは、「市民たちに知られたくない」後ろめたさがあったのでしょう。

それをネッケルは思いきり公開してしまった。これを見た市民たちは、とうとう貴族のムダ遣いを数字で知ってしまいます。数字によって漠然としたものが具体的になる、「なんだこりゃー」的な衝撃は格別だったようで、大変な騒ぎをもたらした。

この公開は1781年に行われましたが、その後、公開された数字をめぐって大論争が巻き起こります。貴族のムダ遣いに対する非難、公開された数字は正しくないとする懐疑、そしてネッケルの公開そのものへの嫌悪……。さまざまな声のなかでネッケルに対する擁護派と反対派が対立しはじめます。

そして革命直前の市民集会、その場にネッケルが姿を現したとき、市民たちから歓迎の拍手が巻き起こりました。そんな人気者ネッケルがクビにされた3日後にバスティーユ監獄が襲撃されたのです。

その後、ルイ16世と王妃がギロチンで断首されるわけですが、それに合わせて、何名かの徴税請負人の首も切られています。

†貧しさからジャガイモを食べはじめたフランス人

ヨーロッパにおいて王はパン屋、王妃はパン屋の女房にたとえられます。王は「国民を食わせる」との意味が含められているわけですね。

実際のところ、フランス市民たちのなかには「食えない」状況にあった人たちがたくさんいました。有名な「レ・ミゼラブル」のジャン・バルジャンも、パンを盗んで捕まっていました。作者のユーゴーは時代背景を踏まえ、あのはじまりを設定したのでしょう。

農業国なのに「食えない」フランス人、革命の前にとうとうプライドを捨てて、とある新しい食べ物に手を出しました。さて、それは何だと思いますか？

——答えは「ジャガイモ」です。

美食の国フランスの人々は、なかなかジャガイモを食べませんでした。

もともとジャガイモは南米産ですが、ルイ14世の曾祖父フェリペ2世の時代にヨーロッパへ紹介されました。真っ赤な色のトマトもそうでしたが、ジャガイモも最初は嫌われました。ヨーロッパの人々は地中で育つ食物を食べる習慣がなかったのです。しかし、痩せた土地、寒い気候でも育てられるジャガイモは「貧者のパン」として、北のアイルランドはじめ、どちらかといえば貧しい人々の間に広がります。しかし、そんなジャガイモに目を背けていたのがフランスだったのです。

美食の彼らは「あんなもの」と見下していたのでしょう。でも、生活が苦しくなるとそんなことを言っていられない。そこで政府はジャガイモを広めようとします。

そのためにパルマンティエという人物が「ジャガイモ・マーケティング」を画策しました。まずはルイ16世王妃マリー・アントワネットにジャガイモの花をあしらった髪飾りをつけてもらいます。次に、ジャガイモを栽培する畑に見張り番を置く。そして、夜になるとその見張りを〝わざと〟引き上げさせるんです。そうすると、「いまがチャンスだ」と畑へ盗みに入るワルがいるんですね。

ますは有名人に身につけてもらってイメージを上げつつ、畑ではワルが盗むように仕向ける――なかなか高度な作戦ですよね。芸能人をステマに使うマーケティングのはしり。この作戦がハマって、少しずつフランス人もジャガイモを食べはじめます。

この一件からわかりますが、「隠されると盗みたくなる」心理ってありますよね。しかも盗んで食っている奴が「めっちゃうまい！」と言おうものなら、「あ、だから隠すのか」と連想が働いて、ますます食べたくなる。

そんな食べ物の心理と同じだと思うんですよ、先ほどの「国の決算書公開」は。市民たちは隠されれば隠されるほど、見たくなった。それをとうとう外国人のネッケルが公開して、わお、こんな内容だったのか、もっと知りたい！　となりました。

このときのフランスは大騒ぎどころか革命まで進んでしまいましたが、決算書の情報公開はそれくらいのインパクトがあるということです。実はこの一件こそが会計の歴史に残る決算書の情報公開＝ディスクロージャーのはじまりだと私は考えています。

3　情報を公開して盛り上げる

†フランスの師団が事業部制のルーツ

食えない生活苦の末に立ち上がり、絶対王政を倒した市民たち。

ただ彼らは「そのあと」のイメージを描いてはいなかったようです。このあとのフランスは内憂外患のひどいありさまでした。新政府はロベスピエールの恐怖政治が行われるなど、自由にはほど遠い状況です。そして「王が処刑される」悲惨な流行が広がることを怖れた近隣諸国は、よってたかってフランスを潰しにきます。

そんな大ピンチを救ったのがナポレオンでした。

ナポレオンの当時、徴兵令によって国民が兵士に招集され、フランス国民軍が編成されました。それまでの軍隊はプロの傭兵によって編成されています。傭兵を雇うには金がかかるわけですが、ナポレオンは国民を兵隊にする方法でコスト削減を狙ったわけです。さらには国民軍に「離れればなれに分かれて戦う」師団編成を持ち込みました。周りの各国と同時に戦うことになったフランスは、それぞれの地域で分かれて戦うべく、自律的に戦える体制を整えたのです。師団は自らのなかに兵隊、弾、食料など必要な機能を持ち、独立して戦うことができます。

師団はフランス語でディヴィジオン、英語でディヴィジョンです。この分かれて戦うフランス師団を会社経営に導入したのが事業部制＝ディヴィジョンです。私たちが事業部制と呼ぶ組織形態のルーツはナポレオンが指揮したフランス軍なんですね。

メディチ銀行もそうでしたが、組織は個と全体のバランスをとって動くことが大切。師団・事業部はそれぞれが自律的に行動しながら、それでいて全体の調和を取っていくための仕組みです。

そうそう皆さん、「アバンギャルド」という言葉を聞いたことがありますよね？　そう、前衛的という意味です。絵画や服の世界でアバンギャルドといえば、前例なく派手でとんがった作品のこと。このアバンギャルドも、もともとフランス軍の先頭を進む前衛軍の名前なんです。

先頭を進む前衛隊は、いちばん先に街へ入ります。だから目立つ。人々が「俺たちを守る兵隊がやってきた！」と待ち構えているところに、しょぼくれた兵隊がうつむいてやってきたら、ガッカリですよ。だから先頭の前衛隊は派手で綺麗な服を着て、長いヤリを持ちながら踊るように颯爽と登場するわけです。わかりやすく言えば、ディズニーランドのパレードで最初にやってくるミッキーマウスとミニーマウスみたいなもの。前衛隊は敵の偵察や先制攻撃を重要任務としますが、それだけではなく地元住民の味方に「きゃ〜！」と歓声をあげさせることも大切な役割でした。この前衛隊を表す言葉が芸術などの世界で使われるようになりました。フランス軍のアバンギャルドはミッキーマウスでもあったわけですね。

さて、師団編成によって各国を個別撃破しながら軍人として出世したナポレオン、やがて軍事だけでなく政治や外交といった分野にまで進出します。のちに皇帝の地位にまで登りつめますが、これ、よく考えれば少々疑問なんです。あれだけ権力集中を嫌ったフランス市民たちが、なぜナポレオンを皇帝として認めたのでしょう？

†情報公開で盛り上げるフランスの文化

ナポレオンは革命後の戦争にてイタリア・スペイン・オランダに攻め込み、それらの国の名画や芸術品をせっせとパリに持ち帰りました。注目すべきことに、ナポレオンはこれらの「一般公開」をはじめています。

これに市民たちは驚きました。当時のわれわれにとって「誰でも美術館へ行けば名画が見られる」のは当たり前ですが、昔はそうじゃありません。

それまでの絵画は王・貴族・教会などの私的所有物であり、一般市民が見ることは許されませんでした。つまり絵画や彫刻をはじめとする芸術品は、プライベートな所有物だったわけです。ナポレオンはこれを「フランス人みんなの財産だ」とパブリック化しました。この情報公開によって、市民たちはルーブル美術館に行って、〝公共財〟名画を鑑賞できるようになりました。

私的所有物から公共財へ——ここは絵画史にとってきわめて重大なターニング・ポイントだったように思います。

この画期的な出来事は、フランス絵画界のレベルアップに大きく貢献しました。多くの

画家の卵たちがルーブル美術館ですばらしい絵画を見られるようになります。
それだけではありません。〝絵画ディスクロージャー〟は市民たちに「ナポレオンは俺たちの味方だ」と印象づける上で、とても効果的な作戦でした。これはナポレオン一流のPR戦略、革命後の混乱に揺れる市民たちを味方につける作戦だったと思います。この一般公開によって、ナポレオンは市民たちの心をわしづかみにしました。
絵画ディスクロージャーに基づくパブリック感覚、つまり「ルーブルの美術品は俺たちのものだ」という価値観はいまもフランス人の間に根付いています。ナポレオン以降、ルーブル美術館の名画は増え続けていますが、それはフランスの金持ちが自らの絵画をルーブル美術館へ寄付するからです。彼らにとって功成り名を遂げて名画を買い、それを「みんなが見られる」パブリックな公共財としてルーブルに寄付することは個人的にも名誉なのでしょう。

この点、日本人には絵画を公共財であるとする感覚がきわめて希薄です。国立美術館を訪れて名画を鑑賞する際、「これはわれわれの絵画だ」と思う人は誰もいません。われわれ日本人にとって国立美術館の絵画は「お国のもの」。これは名画に対するパブリック感覚が希薄であるということです。

このパブリック感覚の希薄さは会社の経営においても存在します。オーナーが自分で立ち上げたプライベート・カンパニーであっても、それが株式市場において公開されると「パブリックな公開企業」になります。その段階で私的企業ではなく社会的な存在、パブリック・カンパニーとなるわけです。その場合、最低限の責任としてコーポレート・ガバナンスの仕組みを構築し、決算書を投資家へディスクロージャーする責任を負うのですが、「どうしてそんなことをしなくちゃいけないんだ」とブーたれている経営者がときどきいます。やはりパブリックな感覚が薄い。日本人にとってパブリック感覚を持つことは難しいことなのかもしれません。

†ブランドづくりが得意なフランス

革命後のフランスでは財政難を補う目的で、農民への土地の払い下げが行われました。小規模農家がたくさん登場し、農民たちは鍬《くわ》や鋤《すき》を手にジャガイモなどの農産物を育てました。

ちょうどその頃、イギリスは産業革命を成功させています。海の向こうの宿敵が大規模な工場で大量生産をはじめているというのに、こちらは地道な農作業……。これは悲しいです。でもその後の歴史を見ると、フランスは農業をどんどん発展させておいしい野菜や肉をつくり、チーズやワインづくりにも成功し、世界でも有数の美食の国となっていきます。一方のイギリスは繊維業をはじめとするモノづくりでは大量生産で成功を収めたものの、食べ物のほうはイマイチのまま。

独断と偏見を承知でいえば、このあたりで労働について「ふたつの道」ができたように思います。フランス的な道とイギリス的な道。その根底にはカトリック対プロテスタントのちがいがあります。

カトリック色の強いフランスでは、働くことより人生を楽しむことをよしとする傾向があります。いまもなお「働かないことが自慢」な文化が残っているようです。

一方、産業革命に成功したイギリスでは「働くことが自慢」という文化が新たに登場しました。大いに働いてたくさん稼ぐ、これがカッコいいことだという労働愛好・残業好きな文化。それはもともとプロテスタントのオランダで生まれ、産業革命のイギリスで花開きました。

このうち「ブランド」をつくるのがうまいのは働かないフランスやイタリアのほうなんです。この両国にはステキなブランドが多いですよね？

なぜカトリックのイタリア・フランスに有名ブランドが多いのでしょうか。これはぜひ改めて考えたいテーマですね。私が思うに、フランスに有名ブランドが多い理由のひとつが「盛り上げのうまさ」です。いいモノをつくるだけじゃなくて、盛りあげるのが上手。それは今日説明した情報公開と関係している気がします。

フランスでは市民革命の前と後で「ふたつの情報公開」が行われました。

ひとつがネッケルの国家財政ディスクロージャー、もうひとつがナポレオンの絵画ディスクロージャーです。このふたつ、国家財政ディスクロージャーは市民たちに衝撃と混乱を生み、絵画ディスクロージャーは信頼と熱狂を生むという対照的な結果となりました。

しかし情報公開によって市民たちを盛り上げた点では共通します。そしてその後も「情報公開で盛り上げる」文化は脈々とフランスに流れています。モノづくりの実力はたしかにドイツに劣るかもしれません。たとえば初期の製造段階においてモノづくりの実力を発揮したのは、ドイツのベンツでした。

フランスはこれに対して世界初の自動車レースを開催して、自動車という存在を金持ちの市民たちに知らしめ、顧客が自らの自動車を自慢する場をつくります。自動車をつくるだけではなく、レースという場をつくって盛り上げる。この伝統は女性服業界にもあり、世界から注目される最先端のファッション・ショーはパリで開かれています。

このようなモノづくりにプラスアルファした情報公開術を得意とするフランスだからこそ、エルメスやルイ・ヴィトン、カルティエといった有名ブランドを立ち上げられたのではないでしょうか。

†フランスの残した数々の教訓

スペインに負けず劣らず、財政赤字に苦しんだフランス。

ルイ14世・15世・16世と歴代の王様はそのため会計改革・財政再建に取り組まざるを得

ず、財務の右腕を頼りました。

王様と財務の右腕のタッグで財政再建は成しとげられたか？——今日の話をお聞きいただいてわかるとおり、答えはＮＯです。赤字が減るどころか、増税の失敗、起死回生のミシシッピ会社でも失敗をやらかし、最後は市民革命にまで突き進んでしまいました。


ここで前回までの講義を少々おさらいします。

イタリアは簿記と銀行を生み、オランダは株式会社と証券取引所を生みました。

スペインは歴史に残る会計上の発明をとくに生んでいません。しいていえば税金を取るのは難しいという反面教師の教訓を残したことでしょうか。一歩まちがえると反感を買うどころか、独立戦争まで起こされてしまうと。

そして今日のフランスです。この国は会計の歴史に何を残したといえるでしょう？

まずはスペインと同じく、国民を納得させる税制をつくるのは、とにかく難しいという教訓です。これは現代にも受け継がれている教訓です。

そして、フランスが残してくれた教訓として忘れてはならないのが「ディスクロージャーのインパクト」です。決算書を公にしてみんなに見せる情報公開＝ディスクロージャーが会計上の制度として登場するのは20世紀のアメリカですが、その芽はフランスにおいて生まれたといえます。

ネッケルが行った最初の決算書ディスクロージャーは大混乱を巻き起こしました。情報公開はかくも大きなインパクトを持ちます。誰に・いつ・どんな内容を情報公開するかは慎重に検討せねばなりません。

†不幸のあとにはチャンスがある

さて、最後にお酒がおいしくなるエピソードをひとつ。

ポンパドゥール夫人が愛飲したシャンパンは、シャンパーニュ地方のランスでワイナリーを経営していたモエが届けていました。あと、ルイ14世の右腕コルベールもランス出身でしたね。

そのランスにヴーヴ・クリコというワイナリーがあります。黄色いラベルで有名なブランド、とてもおいしいシャンパンをつくっています。このヴーヴってなんだろう、と思ったら未亡人のことなんです。だからヴーヴ・クリコは「クリコ未亡人」という意味です。

ワイナリー経営をしていた旦那さんが亡くなり、残されたクリコさん、「それなら私がやりますわ」と、女手ひとつで経営を引き受けました。ブランド名はそれに由来します。

ランスという都市は中世の頃、ヨーロッパの交通の要所でした。そんな便利な場所だから、戦争になると必ず狙われる。戦争になると兵士がやってきては「これはうまい」とシャンパンを飲み散らかしていくのです。しかし、その兵士の狼藉がクリコ未亡人の運を開きました。シャンパンを飲んだ兵士たちが、国に帰ってそのうまさを言いふらすんですね。「めっちゃうまかった」と。これでヴーヴ・クリコのおいしさが各地で有名になり、そのチャンスを逃さず彼女はシャンパンを売りまくりました。

人生も商売も、不幸のあとには必ずチャンスがやってくる。クリコ未亡人も、そしてフランスも、大変な不幸を経験したあとでたくましく復活しています。われわれも見習いましょう。

皆さんも落ち込むことがあったら、ヴーヴ・クリコを飲んでください。不幸を跳ね飛ばす元気の味がします。コルク栓を開ける前、金属のカバーを見てくださいね。そこに描かれたクリコ未亡人から「あなたも負けちゃダメよ」の声が聞こえるはずです。

第五章

線路と利益計算は続くよ、どこまでも〈イギリス〉

——小規模生産から大規模工場へ

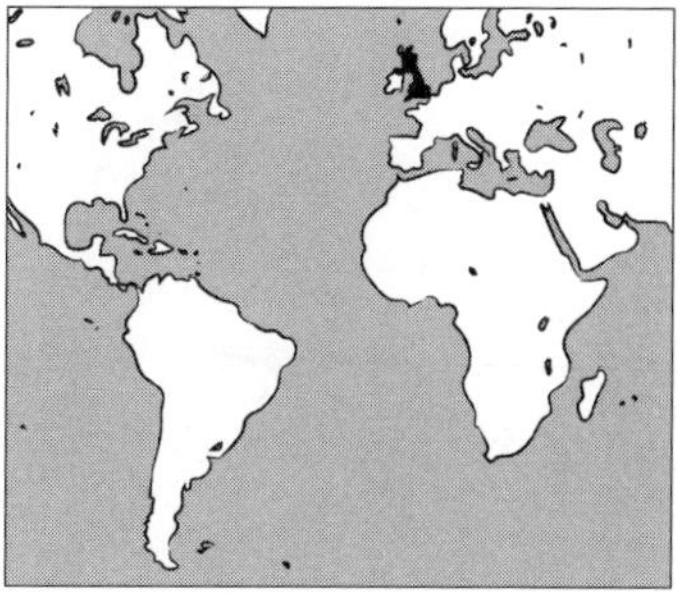

1 木材不足のピンチから世界の工場へ

†イタリアのジェントルマンにあこがれたイギリス人

私はヴェネツィアでもパリでもなく、三重県四日市《よっかいち》市の出身です。

そのご縁でいま、三重県の若手経営者支援ＭＩＥ塾の塾長をしています。故郷の若手経営者と接していて、どうも三重県人は商売に対して保守的、受け身だと感じるのですね。ずっと「なぜだろう？」と考えていたのですが、それはおそらく伊勢神宮のせいではないかと思い当たりました。

伊勢神宮は三重県が誇る最高の観光名所です。江戸時代もいまも、たくさんの人がやってきます。旅人相手の商売というのはどうしても待ちの姿勢になりがち。店さえ開けていれば、黙っていてもお客さんがやってきます。だから新製品を開発するとか、マーケティングを工夫するといった積極的な姿勢になりにくいのかもしれません。

ちょうど江戸時代にお伊勢参りが人気だった17世紀から18世紀、ヨーロッパでも「グランドツアー」と呼ばれる旅行が流行っていました。この旅はイギリス人がフランスを経てイタリアへ旅行します。

この旅に出るのはイギリスで商売に成功した金持ち、あるいはその息子。商売で成功した金持ちや息子が、イタリアへ芸術を学びに出かける。長い場合には2、3年かけて旅したようです。最終の目的地がヴェネツィア。あそこがヨーロッパのお伊勢だったわけです。だからいまでもヴェネツィアには「待ちの姿勢」の観光業が多いのです。

グランドツアーが流行った17、18世紀のイギリスは、産業革命のおかげでとても景気がよかった。そのおかげで金持ちの成金が多かったのです。ただ、彼らには自覚があるわけですよ、自分は芸術に縁がなく生きてきたと。金儲けの次は、芸術でも学びたいなあ、とそう思うわけです。

私たちはジェントルマンといえばイギリス紳士のことを想像しますが、グランドツアー当時のジェントルマンはイタリア人なんです。経済的には低迷したとはいえ、芸術的にはまだまだレベルが高いイタリア。そこにイギリス人はあこがれ、この目で見たいと思うのですね。そこでフランスを経由して、はるばるイタリアまで旅に出ます。

グランドツアーにイギリスの金持ち息子、つまりボンボンが出かけるとしたら、これはかなり危ない道のりですね。中世イタリアのような泥棒はいないにしても、「お兄さん、ちょっと寄ってきなさいよ」と、あちこちの女性から声をかけられる。これは泥棒とは別の意味で危ない。だからグランドツアーに出かけるボンボンには、お目付役として家庭教師がつけられました。家庭教師兼ボディーガードといったところ。有名なアダム・スミスはこの家庭教師の仕事を受けています。さすが経済学の父、ちゃっかり副業で稼いでいました。

グランドツアーの流行をみると、産業革命時のイギリスはたしかに経済的に成功したが、芸術的には引け目を感じていたことがわかります。

乱暴を承知で整理すれば、芸術面ではレベルが高い順に「イタリア＞フランス＞イギリス」、そして経済面では「イギリス＞フランス＞イタリア」といったところでしょうか。

さて、ここで皆さんにも考えてほしいのです。

どうして寒い北の島国イギリスがこれほど経済的に繁栄できたのでしょう?

歴史の教科書によれば「産業革命のおかげ」ということですが、それほど単純な話ではありません。今回はイギリスが世界を代表する経済大国になるまでの苦労と、その過程で登場した会計や経営の発明についてお話ししましょう。

†プライバシーに配慮した画期的な税金

イギリスもご多分に漏れず、ずっと財政赤字に苦しんだ国です。フランスやスペイン、オランダなどと戦争しまくっていましたから。どうして昔の男たちはこれほどケンカっ早いんでしょうねえ。

戦争には金がかかります。兵隊と武器を揃えるのに金がかかるし、島国のイギリスはたくさん船をつくらねばならないし。その金を用意するのにやっぱり税金に頼るわけですよ。イギリスも数々の「不思議な税金」をこしらえました。

かつて「炉税」という、すごい税金がありました。寒い国だから部屋のなかに暖炉を置きますが、これがあったら1台幾らで税金を取られると。フランスの空気税と、どっこいどっこいですね。

そもそも発想がめちゃくちゃな上、徴税人が暖炉を数えるために家のなかに入ってくる。それでみんな怒るわけですよ、「プライバシーの侵害だ」って。ここでもやはり徴税人はひどく嫌われていました。それもあって炉税は廃止されますが、そうすると次の新たな税金が登場してきます。それが「窓税」。

家の窓の数に応じて税金を払えという窓税、これまたひどいですよね。でも、取る側にもちゃんと理屈があるんですよ。窓なら建物の外から数えられるので、家のなかに入る必要がない。それは君たちのプライバシーに配慮したからだと。もはや笑い話ですが、もちろん実話です。この税金のせいで、イギリスでは家の窓が少なくなりました。すると日当たりが悪くなり、家のなかが暗く湿っぽくなって、病気が流行りはじめます。

イギリスではいまも「ぼったくり」を意味する「Daylight Robbery」というスラングがあります。これ、窓税時代にできた言葉です。窓をつくって家に日光を入れると税金を取られるって、まるでぼったくりじゃないか。そんな当時の怒りにもとづく言葉です。

フランスに負けず劣らず、税金をめぐってドタバタ劇を繰り広げていたイギリス。このほかにも深刻な問題を抱えていました。それが木材不足です。

木材不足、それは寒い北の島国にとって、国の命運を左右する重大な問題でした。コロナウイルス騒ぎのもとで発生した木材価格の高騰、ウッドショックどころじゃありません。もっともっと深刻な問題です。

なぜ木材が不足したかといえば、それはもちろん切りすぎてしまったからです。気づいたときにはすでに手遅れ、気づいてから植林して育てるには時間がかかりすぎます。木材と人材は育てるのに時間がかかるのです。なんとかするには他国から輸入するしかありませんが、これは市民の負担も重いし、財政も悪化します。

木材は生活と産業を支える大切なエネルギーです。火を燃やせないと暖が取れないし、食事もつくれず、風呂にも入れません。船もつくれず製鉄もできずガラスもつくれない。

木材不足は商業・軍事・生活などすべて面でこの上ないピンチ。この木材不足の危機を乗り切らなければ、イギリスはこの段階で歴史の教科書から消え去ったことでしょう。

†石炭の活用によってピンチを克服

未来を左右する運命の分かれ道。

彼らはここであっと驚くブレークスルーで乗り切りました。それが「石炭」の利用です。木材・木炭に代わるエネルギー源としてイギリスは石炭の利用を思いつきました。といっても、これは彼らのオリジナルではなく、中国でははるか昔から石炭を利用しています。しかしヨーロッパで石炭を使った国はありません。イギリスはヨーロッパではじめて石炭利用をはじめました。背に腹は代えられなかったということでしょう。

当時の記録によれば1600年から1700年のあいだに、ロンドンの年間石炭消費量は3倍以上になっています。

1661年、イギリス人作家のジョン・イーヴリンが「ロンドンの空が曇っているのは石炭の燃やしすぎだ」と書いています。この時期のイギリスはすでに石炭の利用しすぎによって環境問題が発生していたのです。

木炭に比べてはるかに強い火力をもつ石炭、強い火力を長い時間使うことができるのはありがたいですが、もくもくと煙が出るのが困りもの。部屋の真ん中に暖炉をおいて石炭を燃やせば、みんなの顔が真っ黒になってしまいます。

これはまずいということで、暖炉を壁側に持っていくようになりました。壁側に暖炉を据えつけ、そこから外に煙を逃す煙突をつけました。これによってサンタクロースは煙突から入れるようになったのです。

石炭は工場でも使われはじめ、その圧倒的な火力によって製鉄業を活気づけ、ここから生産される鉄鋼はその他の製造業を下支えします。こうして石炭の利用が生活・産業の両面でイギリスを救いました。

ひとつだけ残念なのは、石炭の火力を料理に使うのを思いつかなかったこと。

石炭利用の先輩中国は石炭の火力を利用して、「圧倒的な火力+分厚い鍋」の組み合わせで熱々の中華料理を完成させました。しかしイギリス人は働くのに一生懸命すぎて、それを思いつかなかった。よってその後、「最高のイギリス料理がフィッシュ・アンド・チップス」という残念な結果になりました。

†炭鉱で生まれた蒸気機関

「石炭さえあれば大丈夫、あとはせっせと掘ればいい」

イギリス男たちは炭鉱に押し寄せ、つるはしを手に石炭を掘りはじめました。

ここで彼らの邪魔になったのが、炭鉱からしみ出る地下水です。これが出ると掘りにくくてしかたがない。仕事の邪魔ですむうちはマシで、勢いよく地下水が出てくると炭鉱夫がおぼれ死ぬことだってあります。

ここで「炭鉱の水処理」という新たな問題が出てきました。もともとは人の力、牛や馬によって水を汲み出していましたが、これだけでは足りません。もっと効率よくできる機械式ポンプがあればなあ、とそれが炭鉱夫たちの願いだったのです。

そしてとうとう機械式が開発されました。このポンプの動力として生まれたのが「蒸気機関」です。膨張する水蒸気の力で機械を動かし、これによって水を汲み出す。それまで人間と動物にしか生み出せなかった「動力」を、とうとう機械によって生み出すことに成功しました。

最初は炭鉱に置かれた据付型のポンプですが、「これは他の用途にも使えそうだ」ということで、織物の製造工業などにも活用されはじめます。それまでの手作業が機械によって自動化され、ここから大量生産への道がひらけました。ここからイギリスは「世界の工場」と呼ばれるまでの成功を手にします。

†想定外の連続で蒸気機関車が誕生

ここまでの話が、歴史の教科書に必ず書いてある「産業革命のはじまり」です。

産業革命が蒸気機関によってはじまったのは理解できるとして、私が興味をひかれるのは、蒸気機関が「大量生産を狙って開発されたわけではない」こと。

具体的なゴールを定め、それに向かって開発する——私たちはそんな直線的な思考でものごとに取り組みがちですが、歴史的な発明は必ずしもそうやって生まれていません。

思ってもいなかった方向へ行ってしまったことが多い。もともと蒸気機関は水を汲み出すために考えられました。しかし、ひょんなことからそれとは別の用途、繊維工場で使われはじめました。

こんなことは私たちの仕事にもありますよね。一生懸命何かに取り組んでいたら、当初の思惑とはまったくちがうところで花開くことが。たとえば製薬会社の人が心臓薬をつくっていたところ、「これは別の用途に使えるかも」となってバイアグラができたとか。だから「思いどおりに進まない」からといって、落ち込んではいけないんです。やり続ければ、それがまったく別のところで花開くことがある。この時代のイギリスを見習って、想定外を歓迎しましょうね。

さて蒸気機関に話を戻しましょう。

動力マシンとしての蒸気機関が生まれ、この利用によって工場は大量生産ができるようになりました。そこからまだまだ想定外が続きます。

炭鉱で蒸気機関ポンプの修理係をしていた男が、「もしかしたら自走式の乗り物がつくれるかも」と、とんでもないことを思いつきました。

この蒸気機関を車輪の上に載せ、その力を利用して自走式の乗り物をつくる。当初は誰も思いつかなかった荒唐無稽なアイデアです。蒸気機関の発明者といわれるジェームズ・ワットでさえ「それは無理だ」と語ったほど、想定外の思いつきでした。

しかし何人かのチャレンジャーたちがこれを実現しようと試みます。幾多の苦労を経て、彼らはとうとう完成させてしまいました。それが世界初の蒸気機関車です。

大量生産を実現した工場と、自走式の蒸気機関車。

同じく蒸気機関から「想定外」に生まれたふたつは、とにかく相性が抜群でした。大量につくれる工場と、大量に速く運べる機関車。イギリスで1830年に登場した世界最初の鉄道である「リバプール＆マンチェスター鉄道」は港街と工業都市を結んでいます。この鉄道によって港で輸入した原材料を工場へ運び、大量に製造し、完成品を港へ運ぶまでの仕事が手早く行えるようになりました。

あ、この機関車に乗ってリバプールとマンチェスターを往復していた綿花商人がおり、彼は仕事が終わるとジャズ・ミュージシャンとして地元リバプールのクラブで演奏していました。その息子がポール・マッカートニーです。

産業革命は思わぬところで、いろいろなものを生み出しているのですね。

2 減価償却が幕を開けた利益計算

†巨大な初期投資に悩む鉄道会社の経営者

煙をもくもく吐きながら疾走する蒸気機関車。その力強い姿とは裏腹に、鉄道会社の経営者たちは頭を抱えていました。

初期の鉄道会社経営者は、設備投資の資金を調達するためにかなり苦労します。

その悩みを理解していただくため、この絵をごらんください。

イギリスを代表する画家ターナーの『雨・蒸気・スピード――グレート・ウェスタン鉄道』です。風景画家として有名な彼は、船や海の風景を好んで描きました。そんな彼も、蒸気機関車を見て黙っていられなかったのか、この絵を描きました。

はじめてイギリスに蒸気機関車が登場したのは1830年のリバプール＆マンチェスター鉄道でしたが、こちらターナーの描いたグレート・ウェスタン鉄道は、その直後に建設された有名な首都圏鉄道です。

絵には、こちらへ向かって疾走する蒸気機関車が大胆な筆致で描かれます。さりげなく左下に小舟も描かれており、新旧の乗り物を対比するかたちで「歴史の移り変わり」が表現されています。

ジョゼフ・マロード・ウィリアム・ターナー『雨・蒸気・スピード――グレート・ウェスタン鉄道』(1844年)

ゆっくりと川を進む小舟と、陸を疾走する蒸気機関車。いずれも当時、人や荷物を運ぶ輸送手段として利用されました。大きくちがうのは、その事業をはじめるのに必要な初期投資の大きさです。

船の場合、川や海を自分でつくる必要はありません。船さえつくれば、あとは川や海を自由に行き来できます。しかし鉄道会社の場合、そうはいきません。

機関車を走らせる「道」を自分で用意しないといけません。まずは土地を買い、造成工事をして、鋼鉄製のレールをひく。そこまで一連の投資でやっと「道」が完成。そのあとは何カ所かに駅をつくらねばならないし、機関車の車両を揃えなければなりません。さらには燃料に用いる石炭、駅の備品、補修部品、その他諸々、とてつもなく巨大な資金が必要です。

オランダ東インド会社も大金が必要な事業でしたが、蒸気機関車はそれをはるかに上回る規模の資金がないと開業できません。

さらには建設に当たり、それまで人やモノを運んでいた船や馬車の事業者から猛烈な反対を受けたことで土地の取得は難航、予定よりはるかに高い金額で購入するハメになりました。

巨大な初期投資のせいで、資金が出ていくばかりで儲けが出ません。このままでは初期の段階で株主になってくれる人が見つかりません。

せっかく蒸気機関を完成させたというのに、これを乗り越えなければ事業が開始できない「資金調達の壁」。ここで経営者は、「株主に出資してもらうには、どうすべきか」を考えはじめました。

†株主へ配当するため減価償却が登場

当たり前のお話ですが、会計は「お金の計算」をするものです。

お金が出ていった、そして入ってきた、その出入りを計算するのが会計の基本。これはイタリアでもオランダでも変わるところがありません。イタリアの香辛料商人も、オランダのチーズ屋も、みんな帳簿をつけつつ収支をまとめます。それが会計というもの。

しかし、そのような現金収支ベースで帳簿をつけると、開業時の鉄道会社は赤字になってしまい、儲けをもとにした配当が払えません。

「なんとかならんか」

ここで悩みに悩んだ鉄道会社が生み出した必殺技が「減価償却」です。すごい飛び道具が出てきたものです。

減価償却という手続きは、当初の支出をその期に負担させるのではなく、「数期間にわけて分割して費用化」します。たとえば4年償却なら、当初の支出を4年にわけて費用を分割計上します。

この魔法を使えば、巨額の設備投資を支出しても、費用として計上するのはその一部ですみます。ということは、お金はなくても「名目上の儲け」が出るので配当を払うことができるわけです。

それまでの基本だった現金収支で計算しては儲けが出ない。そこで、現金の「収入－支出」とは別に、「収益－費用」という計算体系をつくって配当を行う。そのための大きな第一歩が減価償却という会計手続きでした。

イタリア商人たちも、必ずしも収入・支出だけで計算していたわけではありません。彼らも将来の入金である売掛金、将来の支出である買掛金の記録を行っています。取引相手との債権・債務については現金の動きとは別に記録していました。

しかし、減価償却はそのような債権・債務の記録とはレベルがちがいます。自分で購入した固定資産について、自らの判断で償却年数を決めて費用配分を行うわけですから、それはかなり主観的な計算です。

このように主観的な減価償却が許されるなら、未収・未払や前受・前払といった計算は当然に認められます。さらには将来の支出に備えて引当金を費用計上しておくことも許されるでしょう。

こうして減価償却をキッカケに、それまでの「収入－支出」の計算は「収益－費用」の計算へと会計的に進化をはじめます。ここで収益から費用を差し引いた儲けのことを「利益」といいます。

つまり、減価償却の登場と普及によって、それまでの現金主義会計から発生主義会計と呼ばれる新たな体系へ進化がはじまったわけです。

現金主義会計：収入－支出＝収支
発生主義会計：収益－費用＝利益

専門的な話はさておくとして、ここですべての皆さんに確認してほしいことがあります。

それは「会計上の利益は、現金の収支と一致しない」ということ。

発生主義会計は、減価償却の手続きからわかるように、「現金から離れて」儲け計算を行います。わざと離れて計算するのだから、当然のこと、現金収支とは一致しません。

「利益と収支は一致しない」

このことは会計の歴史を踏まえ、ぜひ理解しておいてください。

†複雑化した会計を悪用した粉飾

減価償却の登場と普及は、会計の歴史にとって偉大な一歩となりました。

ここから会計は、収支計算から利益計算へと進化をはじめます。

ここのところがわからなくて「会計は難しい」と思っている人が多いんです。

中小企業の経営者などで「どうして金が入ってないのに売上を立てるんだ」とか、「なぜ利益が出ているのにお金がないんだ」と頭を抱えてしまう人がたくさんいる。

その悩みは当然といえば当然です。収支の勘定だけなら事実にもとづいて客観的に計算ができますが、利益計算はそうじゃない。収入・支出を前倒しで計上したり、後まわしにして計上したりと、複雑で主観的な計算を行います。だから難しい。

その複雑な計算は、いまも進化を続けています。だから「黒字倒産」のようなことが起ころのですね。

実際のところイギリスの鉄道会社でも、この複雑性を逆手にとって粉飾を行う経営者がいました。たとえば悪名高きジョージ・ハドソン。

彼は複数の鉄道会社を経営するイギリスの〝鉄道王〟でした。彼が経営すると鉄道会社の業績が上がる、そんな噂も手伝って彼の名が出るだけで会社の株が人気になりました。しかし、その好業績と高配当はデッチ上げだったのです。彼は新規の鉄道建設で集めた資金を既存鉄道へ横流しし、見せかけの利益で配当を行っていました。

会計上、元手と儲けを区別するのは基本中の基本ですが、ジョージ・ハドソンはこれを無視して粉飾しました。それを可能にした一因は「会計の複雑化」にあります。客観的な収支計算のもとでは不可能だった粉飾が、主観的な利益計算のもとで可能になっていきます。会計計算の複雑化は、悪党が登場する余地をつくってしまったわけです。

こうなると少しずつではありますが「正しい利益計算のためにはルールが必要だ」との認識が出てきます。それとともに、「素人では無理だから、会計の専門家がいるよな」との声も高まります。こうした社会的な要請の高まりによって、イギリスで「会計士」が誕生することになります。

†会計士と監査のはじまり

鉄道会社の登場は、「会計」に歴史的な変化をもたらしました。それだけではありません。「会社」の歴史にとって大きな転換をもたらします。

18世紀初頭のフランスでジョン・ローが起こしたミシシッピ会社の大騒動、あの詐欺まがい事件はイギリスへも飛び火しました。ミシシッピ会社はフランスだけでなくヨーロッパ中の出資者にも人気でしたが、このときのヨーロッパでは「株式会社ブーム」が起こっていたのです。

イギリスにおいてもそのブームに乗った会社が設立され、同じくバブル崩壊事件を起こしました。それがイギリスの南海泡沫事件です。この事件の主人公、南海会社は1711年、南米地域と独占貿易を行う会社として設立されました。

イギリスは当時抱えていた財政赤字の解消を目論み、国債を南海会社株式と交換するプランを立てます。これがはじまると、南海会社の株価が急騰、フランスと同じく大騒ぎとなりました。なかにはミシシッピ会社で痛い目をみたくせに、「夢よもういちど」と、イギリスまでやってきた人の姿もあります。

結局、あっけなく株価が急落してバブルは崩壊、「あのフランスと同じ失敗をするなんて……」とイギリス人は経済的損失に加え、精神的な痛みも味わいました。

こうした詐欺まがいの事件が起こるとき、そこには必ず「口の達者な人物」がいます。ミシシッピ会社にはジョン・ロー。南海会社ではジョン・ブラントが、すばらしいキャッチコピーで株価高騰に貢献しました。たとえば「地球上のあらゆる国が、あなたに貢ぎ物を差し出します」とのコピー。私たちも気をつけましょう。「株式市場の甘い言葉にご用心」。

この手痛い南海会社バブル崩壊事件によって、イギリス人は「株式会社はもうたくさん」と恐怖症に陥りました。政府もこの事件に懲りたようで、株式会社の設立を制限しました。この株式会社恐怖症はイギリスのみならず他のヨーロッパ諸国でも同様でした。

そんな株式会社の恐怖症に陥ったイギリスですが、鉄道会社の成功によって少しだけ恐怖がなくなってきました。勇気を持って鉄道会社の株式や社債を買った人間が儲けているのを見て「なんだ、大丈夫じゃないか」と興味を持つ人が増えます。

鉄道会社の成功後、19世紀半ばになると、おそるおそるではありますが、少しずつ株式会社に係わる制限ルールが緩和され、自由な設立が認められるようになっていきます。

株主保護の制度についても一歩一歩ずつ整備されていきました。そのひとつが決算書の作成と報告です。株主から資金調達して株式会社を経営する者は、適切に決算書を作成して株主に報告すべし。そんなルールの原型ができていきます。

この流れのなかで誕生したのが会計士と監査です。

会社の経理担当者が行う会計手続きがミスや不正なく行われ、決算書が正しいかどうかを第三者的にチェックするのが会計士の仕事です。

会計のことを英語でaccountingといいますが、これはもともと「account for＝説明」を意味する言葉。これに対して会計士の行う監査がauditです。こちらはラテン語の「auditus＝聞く」に由来しています。監査(audit)はオーディオ(audio)と同じく「聞く」仕事です。経営者が株主に対して「説明」する決算書を、会計士が監査して「聞く」というのが両者の役割分担です。

鉄道会社の登場以来、減価償却を含む会計ルールは、もはや素人にはわかりづらいレベルになりました。その確認には会計の知識をもつ専門家が必要。そのチェック機能がないと、自由化された株式会社のもとで株主の保護ができません。このような社会的必要性から、会計士と監査がイギリスで誕生したというわけです。

3　レイルウェイ・マニアの熱狂

†鉄道会社の生んだイノベーション

「イギリス食パン」ってご存じですよね？　上が山型にふくらんだあの食パン。イギリスもかつては丸いブールを食べていましたが、産業革命の頃からあの食パンが増えたそうです。この食パン、きわめてイギリス的だと私は思います。

1個1個で焼くブールに対して、生地を型に押し込んでキツキツに焼く食パン。それはいわば団地の発想です。団地のほうがたくさん焼けますからね。このことからわかるように、やっぱりイギリス人は大量生産が好きなんです。

大量生産を行うイギリスの工場。そこでは仕事の主人公が機械になります。人間ではなく機械がご主人。人間は機械の稼働時間に合わせ、シフトで働きます。長時間労働が当たり前の工場は、労働者にとって過酷な環境でした。住む家もおかしな税金のせいで窓が少なく、日当たりが悪くてジメジメしています。

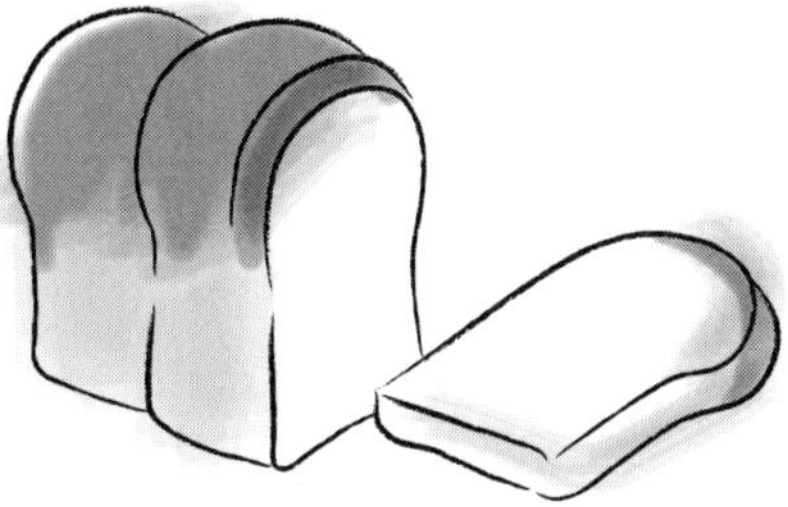

そんな環境のせいで夫婦仲は悪くなり、泣き止まない子どもに「乳児酒」を飲ませて眠らせることまで行われました。これによって多くの乳児が亡くなっています。

身体と心を壊すまで働いてしまうイギリスの工場労働者たち。労働を愛好するプロテスタントの「働きすぎ」はレッドゾーンに差しかかっていました。

ミシシッピ会社や南海会社では、「会社に投資する」ことに興奮・熱狂する人たちがいました。これを「カンパニー・マニア」と呼んでおきましょう。そのカンパニー・マニアがイギリスの工場において変異をみせます。工場に現れたのは「会社で働く」ことに熱狂する労働者たち。いつでも辞められる雇われの立場なのに、家族や健康を犠牲にしてまで仕事に没頭してしまう。そんなマニアが大量生産工場などで増えてきました。これも新たな時代の光景です。「会社に投資」して稼ぐのか、それとも「会社で働く」ことで稼ぐのか。それをどう組み合わせればいいのか。これは21世紀のいまなお続く、永遠の難問ですね。

熱心に働くカンパニー・マニアは鉄道会社でも活躍します。彼らのおかげで、鉄道会社はさまざまな分野で「歴史に残る発明」を生みました。

たとえば「標準時間」。最初にイギリスで鉄道を走らせたとき、都市によって時刻が数分ちがうことが問題になりました。どこも「お日様てっぺん」を12時としたことで、都市によって数分のズレが生じるんです。これは不便だから「鉄道業界は同じ時間で揃えよう」と話がまとまり、グリニッジ天文台の時刻を鉄道業界ぜんぶで使うことになりました。これが標準時間のはじまりです。

それからお次は「信号機」。蒸気機関車を発明した人たちは「走らせる」ことばかり考えて、ブレーキは後まわしでした。当然ですよね。まずは走らせなければ、止まる意味がない。ブレーキが不十分だと、トラブルのとき後続車に「来るな」と知らせる仕組みが必要です。そのために信号機が開発されました。赤と青の信号機はイギリスの鉄道会社からはじまっています。あとボールを上げ下げするタイプの信号機もありました。ボールが下

のローボールは赤信号で「入ってくるな・出発するな」、上に上げたハイボールが「入っていい・出発進行」。この「ハイボール＝出発進行！」の語呂がいいとして、どこかの酒屋がパクったのでしょうね。これが飲み屋で出てくるハイボールの語源だそうです。これについては諸説ありますが、私はこの楽しげな説を信じておきます。

それから、ターナーの絵に描かれたグレート・ウェスタン鉄道は駅間通信をはじめた会社として有名です。これはＩＴのはじまりといえるでしょう。

†イノベーションを生む組織のつくり方

利益計算、標準時間、信号機、ハイボールの酒、ＩＴ、などなど、これらすべてが鉄道会社から生まれているのだから、すごいですよね。

ここ、個人的にすごく興味がありましてね、調べたんです。「当時の鉄道会社では、どんな人たちが働いていて、どんな組織運営を行ったのか」について。それがわかれば、すごい発明を生み出すヒントになります。皆さんも興味ありますよね？

結論からいえば、初期の鉄道会社は「ふたつのタイプの人間の組み合わせ」で組織をつくっています。それが元軍人と、才能あふれる若人。

鉄道会社は退役軍人を多数雇っています。彼らは「離ればなれで戦う」プロ中のプロなんです。戦争は小部隊に分かれて戦います。鉄道もまた、離れて事業展開する分散組織。その組織を経営し管理するノウハウをいちばん持っているのは軍人さんなんですね。

ただ軍人だけでは新しいアイデアが出にくい。そこを補うのが若い才能たちです。新しい技術については、それをよく知る才気煥発な若者に任せます。

というわけで、組織運営に強い元軍人と新技術に強い若い才能のタッグ。これによってイギリス鉄道会社は数々の発明を生んだのです。これは私たちも参考にしたいですよね。

私は年上の側ですが、これを知って気をつけようと思いました。年上の人間は、若い人たちを盛り上げてあげないと。押さえつけちゃいけないんですよ。鉄道会社のように若い連中が暴れられるよう、支えてあげるのが年上の仕事。

そういえば、イギリスが誇るビートルズもこの組み合わせです。元軍人のプロデューサー、ジョージ・マーティンと才能あふれる若い4人。やはりこの組み合わせがうまくいけば最強なんです。

†原価計算に強い企業が生き残る

そして鉄道会社について、どうしても付け加えたいことがあります。

それは彼らが「原価計算に強かった」という事実です。雨後の筍のように増えた鉄道会社のなかには、潰れる会社もたくさんありました。そのなかで生き残る会社は、例外なく「会計に強い」のです。決算書をつくるだけでなく、内部的な原価計算にも強い。

鉄道会社を運営する上で、なくてはならないのが原価計算の仕組みです。これは経営の命運を決する重要ポイント。なぜなら正確な原価計算ができないと、「運賃の決定」ができないからです。

鉄道事業は巨大な設備投資を、先行投資として行います。それをあとから運賃収入の売上で回収します。わかりやすく言えば、「ドーンと投資して、あとから少しずつ回収する」ビジネスモデル。

いまでいえば、大金をかけてソフトウェアを開発し、サブスクリプションで長期的に回収するようなモデルです。

このようなビジネスの場合、まずはコストを正確に把握しなければいけません。初期コストがいくらで、その後の維持費がどれだけかかるのか。まずはこれらの原価を把握して、次は売上シミュレーション。いくらで価格設定すれば、どれだけの顧客が買ってくれるのか、これを綿密に予測します。

このようにして計算したコストと売上を組み合わせながら、適切な価格を決めるわけです。価格は高すぎても安すぎてもダメ。高すぎるとライバルにお客さんを取られるし、安すぎると自分の儲けが出ない。適切なプライシングを行うためには、相当に高度な会計知識と計算体制が必要です。生き残った彼らは、それをやりきりました。そうでなければ初期鉄道業の発展はなかったはずです。

†アメリカへ向かう投資マネーと経営分析

生き残りの難しい鉄道会社では、投資する者にも「目利き力」が求められます。潰れない会社はどこか、そして株価が上向く会社はどこか。社債や株式を買おうとする者たちは日夜研究をしたようです。彼らは駅近くのカフェに集まっては、情報交換していました。

そのように鉄道会社への投資に熱狂する人たちのことを、当時「レールウェイ・マニア（鉄道狂）」と呼びました。はじめはイギリスでブームとなり、やがてヨーロッパに広がり、そしてアメリカにまで広がったレールウェイ・マニアの輪。

彼らは「鉄道会社への投資」に熱狂する人たちです。しかしながら、このブームが日本に来た段階で、様子が変わるのです。日本のレールウェイ・マニア＝鉄ちゃんは、鉄道会社の株や社債に興味がありません。彼らはカメラを片手に「鉄道の写真を撮る」こと「鉄道に乗る」ことが大好きです。

先ほどのカンパニー・マニアもそうですが、熱狂はその広がりにつれ、新たなタイプを生み出すようです。

鉄道建設がイギリスからヨーロッパ各国へ広がったことで投資機会が広がり、ますます熱狂する元祖レールウェイ・マニアたち。彼らが熱い眼差しを送る先にあったのが大西洋を挟んだアメリカでした。

海の向こうのアメリカでも、ヨーロッパを追いかけるように多数の鉄道建設がはじまっています。アメリカはその国土の広さから、鉄道建設の規模がちがいます。ヨーロッパよりもさらに大儲けできそうなニオイを嗅ぎつけたマニアたち、「さあ、次はアメリカ鉄道株で大儲けだ！」とやる気満々です。

そんな彼らにとって問題は、アメリカがあまりにも遠かったことでした。投資したくても、アメリカはあまりに遠し。イギリスやヨーロッパからはアメリカ鉄道会社の決算書を手にすることも難しく、また現地視察もできません。経営者がどんな人物なのかを知るすべもなし。

そんな彼らに投資の橋渡しを買って出た人物が、有名なJ・P・モルガンです。イギリス銀行家の家系にしてアメリカ生まれの彼は、この役目を果たすのにうってつけの人物でした。モルガンの手引きによって、ヨーロッパの投資マネーがアメリカの鉄道建設へと向かいはじめます。

また、イギリスで事務所を構えていた若き会計士たちも、このブームに乗ってきました。彼らは何度となくアメリカまで出張して鉄道会社を視察し、決算書を持ち帰ります。ヨーロッパのマニアが投資を判断する材料として、この決算書を差し出したのですね。穴が空くほど決算書を見つめるマニアたち。ここから会計に関連した、新たな「学びブーム」がはじまります。それはヨーロッパのレールウェイ・マニアたちがアメリカ鉄道会社へ投資することに伴う「経営分析」の流行です。

経営分析とは、決算書をもとにしてその会社の経営を分析することです。

これが発展したのは19世紀、ちょうどヨーロッパの投資マネーが鉄道会社はじめアメリアの会社へ向かいはじめた時期です。なぜ発展したかといえば、ヨーロッパからみて「アメリカが遠かった」からです。遠くて情報が入らないし、見に行くこともできない、噂すら聞こえてこない。この状況下で頼りになるものは決算書しかありません。鉄道会社のほうも、資金を出してくれそうな出資者には決算書を見せたはず。この利害の一致によって「決算書を通して経営を分析する」ことが流行しました。

✝経営分析の進化と強欲の歴史

経営分析はまず流動性分析からはじまりました。

流動性分析は別名、安全性分析とも呼ばれ、「会社が資金ショートして潰れないか」をバランスシート中心に見ます。代表的な指標が流動性比率や自己資本比率。こうした比率計算を通じて資金繰りを確認し、会社が潰れないかどうかをチェックするわけです。

このように決算書を通じた経営分析は、そのあと投資マニアたちの「欲」に対応して進化をはじめます。

19世紀は「潰れないかどうか」を心配する人たちの間で流動性分析が流行りました。20世紀になると、もう少し欲が出て「儲かっているかどうか」を知りたい人たちが現れます。そんな彼らの間で流行したのが収益性分析です。

この収益性分析は損益計算書の利益を通じて、会社が「儲かっているかどうか」をチェックします。そこでは各種の利益が売上に対して何％あるかを「売上高利益率」によってたしかめます。

さらに21世紀になると「株が上がる会社はどこか」を知りたい人たちが成長性分析を行います。ここまでくると、もはや強欲の域。過去はともかく「これから売上や利益が伸びるかどうか」を知りたい人たちが、売上や利益といった指標の「伸び率」を計算しはじめます。

19世紀		20世紀		21世紀
流動性分析	→	収益性分析	→	成長性分析

並べてみると、株式投資を行いたい人たちの「強欲」の高まりにつれ、経営分析のテーマ・枠組みが変化していることがわかります。

†世界的会計事務所の誕生

さて、アメリカに出張を繰り返していたイギリスの会計士たち。

いくら若くて体力があるといっても、大西洋を往復する船旅にいささか疲れてきたようです。いまとちがって船の上でインターネットも使えないし、ゲームもできないし。

そこで彼らはリモートワークを考えました。当時でいえば、これが「アメリカ出張所」の新設です。これをつくれば何度も往復しなくてすみます。

大西洋の船の上で出会ったイギリスの会計士、プライスとウォーターハウスは「一緒にアメリカで事務所つくろう」と話がまとまりました。これが現在、世界最大の会計事務所、プライスウォーターハウスクーパース（ＰｗＣ）のはじまりです。このほかにもデロイト、トウシュ、ピート、マーウィックらイギリス人会計士がアメリカで現地事務所をつくりはじめました。これらは世界的な会計事務所の名前に残っているので、お聞きになったことがある方、いらっしゃいますよね。

ここからお話の舞台はヨーロッパを離れ、アメリカへ移ります。ヨーロッパ移民たちが続々と向かっていた新大陸アメリカ。そこではどんな物語が繰り広げられるのか？　いよいよ講義も終わりが近づいてきました。どうぞ次回もお楽しみに！

第六章

そしてすべてがつながった〈アメリカ〉

——原価計算から管理会計、そしてディスクロージャーへ

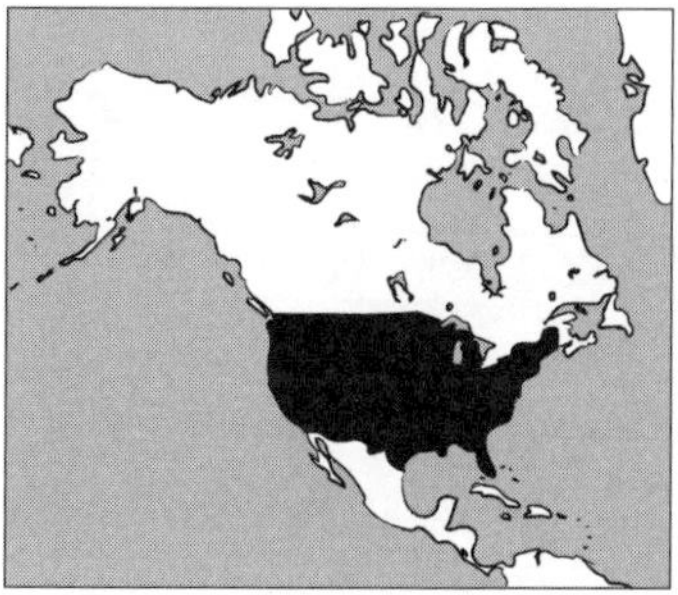

1 「漁夫の利」の地で連結決算が誕生

†敵の失点で領土拡大したアメリカ

かのビル・ゲイツも愛読した孫子の兵法に曰わく、

「百戦百勝は善の善なるものに非ず」

いきなりでスミマセン。でもこれ、アメリカの成り立ちを説明するのに、もっともふさわしい一節なんです。百回戦って百回勝つことは最善ではない、という孫子の教え。アメリカはこの教えに従ったかのように、大国への歩みをはじめました。

順を追って説明しましょう。なぜ孫子は「百戦百勝は最善ではない」と教えるのでしょうか？　これは「孫子の兵法」が書かれた当時の中国が、多数国のひしめく群雄割拠状態だったことに由来します。

A国がB国と戦争をはじめたとします。A国が兵士をたくさん投入して攻撃すれば、B国も負けじと兵士を投入します。兵士と資金を投入する戦いがエスカレートするうち、両国ともにたくさんの人間が死に、大金をつかうことになります。たとえ戦争に勝利しても、長く続く戦争によって国力が弱ってしまう。すると弱ったところをC国やD国から狙われかねません。つまり、漁夫の利をさらわれるわけです。だから孫子の兵法は、「百戦百勝は最善ではない」と言うのですね。

では、どういう戦いが最高なのでしょうか。孫子の兵法は続けます。

「戦わずして人の兵を屈するは善の善なるものなり」

つまり兵を殺さず、ムダ遣いせず、「戦わずして勝つのが最高だ」と。

戦争はもちろん、ビジネスでも、そして人間関係でも、わたしたちはついカーッと熱くなって、相手をやっつけようとしがちです。でも、それではダメなんです。熱くならず、正々堂々になりすぎず、冷静かつクレバーに戦わないといけない——それが理想だということですね。

この教えを知ってか知らずか、そのように領土を拡大したのがアメリカです。

アメリカ合衆国が1776年に独立宣言したとき、その領土は東の13州にすぎませんでした。この面積が一気に倍増したのは1803年、フランスからルイジアナ地域を購入したとき。そのあと1819年にはスペインからフロリダ地域を購入しました。

これはアメリカが戦争で勝ち取ったのではなく、安値で購入した不動産取引です。ここまでの講義を聞いた方はおわかりですね？　フランスとスペインは財政赤字に苦しみ、アメリカの植民地経営を行う余裕がなくなっていました。自国の財政赤字に苦しんだフランスとスペインはお金のために植民地を手放したのです。

スペインやフランスの土地売却は、孫子の兵法的に「やってはいけない」行為です。積極果敢に植民地経営へ乗り出したまではいいが、戦線を広げて百戦百勝を目指したあげく、その経営に失敗して安値で手放すことになってしまった。それによってアメリカは労せずして領土を広げることができました。つまりアメリカに漁夫の利をさらわれてしまったわけです。これはいけません。

サッカーでいえば「敵失」によって領土を安値購入できたアメリカ。このほかに先住民インディアンからも破格の安値で土地を購入し、テキサス地域では戦争を含みながらでしたが、これも手中に収めました。

こうして着々と領土を広げていったアメリカ。しかもその大地が「いい土地」なんです。アメリカの豊饒な土地では農作物の育ちが良く、しかも石油や鉱石はじめ資源が豊富に手に入ります。

こうしてアメリカは建国以来、「戦わずして勝つ」孫子の兵法的な展開によって領土拡大を成しとげていきました。

†標準軌のおかげでM&Aが活発化

領土拡大と同時に、鉄道路線の拡大も進みます。広大な大地を移動するため、蒸気機関車はなくてはならない存在。鉄道の建設工事や運営方法については、すでに元祖イギリスはじめヨーロッパ諸国でノウハウが確立されていました。あとは「資金さえあれば鉄道を建設できる」状態です。

その建設資金をヨーロッパからもってくる役目はJ・P・モルガンをはじめとする金融家たちが担いました。また、アメリカ鉄道会社の決算書はイギリスの会計士たちがヨーロッパへ持ち帰って情報提供します。

こうして大西洋を結ぶ資金と情報のルートが確立されたおかげで、ヨーロッパのレールウェイ・マニアたちはアメリカの鉄道会社へ向け、せっせと資金提供を行いました。このあたりは、第五章でお話ししましたね。

活発に鉄道が建設された19世紀の半ばから後半にかけて、ニューヨーク証券取引所は鉄道会社のために存在しているようなものでした。鉄道会社のおかげでニューヨーク証券取引所が近代化・大規模化されたともいえます。

ヨーロッパから潤沢な資金が提供されたおかげで、鉄道建設は順調に進みます。しかし、鉄道会社の経営がすべてうまくいったかと言えば、これは話が別。かなりの数の鉄道会社が倒産しています。

ここでクイズを出しましょう。たくさんの鉄道が建設された19世紀終わりの25年間で、どれだけの鉄道会社が破産したと思いますか？　次の3択でお答えください。

①100社
②700社
③2000社

正解は……「②700社」です。

2021年現在、ニューヨーク証券取引所の上場企業数が約2500社ですから、それを考えれば700社が潰れたというのは大変な数ですよね。とにかく19世紀のアメリカでは、鉄道会社がたくさん誕生し、そして潰れていきました。

　ここで疑問なのは、「潰れた会社が所有する路線はどうなったか」ということ。

　多くの場合、他の鉄道会社が潰れた会社を買収しています。経営難の会社の場合、経営が苦しくなった段階で身売りするとか、あるいは鉄道会社同士が合併することもありました。それほど鉄道会社では思い切りM&Aがさかんでした。だから「会社が潰れる=列車が走らなくなる」というわけではありません。

　鉄道会社の買収や合併が活発に行われた背景には、「レールのサイズが同じだった」という事情があります。

　鉄道レールには「標準軌（standard gauge）」が存在し、ほとんどの鉄道がこれを用いていました。その標準がどう決まったかといえば、これがビックリ、「いちばん最初のものがずっと使われていた」のです。イギリス鉄道の父スティーブンソンがリバプール&マンチェスター鉄道などで使ったレールサイズがその後ずっと標準となりました。

　4フィート8・5インチ（1435㎜）という、なんとも中途半端なサイズですが、とにかくそうなってしまった。その後の鉄道建設では世界中の鉄道会社がそれに倣います。みんな同じレールサイズで鉄道をつくった効果は絶大でした。これによって鉄道の相互乗り入れがやりやすくなります。また、鉄道会社を買収したとき、別々の路線をつなぐことができます。標準軌のおかげで鉄道会社は「つながり」やすくなったのです。

驚くべきことに、21世紀のいまもなお、世界の鉄道レールの半分以上がこのサイズ。鉄道の父スティーブンソンはかくも偉大な存在なのです。

†M&Aの多い鉄道会社から連結決算が誕生

19世紀のアメリカ鉄道業界ではM&Aによって巨大鉄道会社が誕生、そこから何人かの有名な鉄道王が登場します。その代表的人物が先ほどのJ・P・モルガンです。ヨーロッパからアメリカへ資金を呼び込んでいた彼は、ブローカーの手数料収入に飽き足らず、あるいは杜撰な鉄道経営に業を煮やしたか、自ら鉄道会社の経営に乗り出しました。

鉄道会社の経営には安全運行のための管理業務だけでなく、原価計算をはじめとした高度な会計ノウハウが必要です。これについては前回のイギリス編でお話ししましたよね？ きちんと原価計算しないと適切なプライシングができないというお話。

経営破綻した会社を再建させるには、知識と経験を豊富にもった人物に任せたほうがいい。そんなわけでモルガン傘下には「よろしくお願いします」とばかり、続々と鉄道会社が増えていきました。

彼は経営難になった鉄道会社を買収しては、「俺に任せろ！」と、その会社の立て直しを図ります。

赤字会社を買収して経営を再建する――そんな彼の手法はいつしか「モルガニゼーション」と呼ばれるようになりました。

モルガニゼーションが評判になるにつれ、モルガンの会社のもとには、だんだんと鉄道子会社が増えていきます。もはや巨大な鉄道集団。こうなると、それぞれの会社を超えて、「グループ全体」の業績を知りたくなりますよね？

買収・合併によってグループ化が進む鉄道会社について「グループ全体の業績」を知りたい――その要求に応えるべく登場したのが「連結決算」です。

それまで決算書といえば、株式会社を主人公にしてつくられるものでした。これに対して、新たに登場した連結決算は「グループ（企業集団）」を単位につくられます。鉄道会社にて産声を上げた連結決算は単純かつ原始的なものでしたが、その後少しずつ改正され、洗練されたルールになっていきます。

連結の登場によって、決算書は次の2種類になりました。

単体決算：会社単位で決算を行う〈単体決算書〉
連結決算：グループ単位で決算を行う〈連結決算書〉

「連結」は、もともと鉄道っぽい香りのする言葉です。車両と車両をつなぐ部品のことを連結器と呼ぶように。なんと会計上の連結も、鉄道会社由来だったんです！

実は私、これを発見したとき、「おお、やっぱり鉄道か！」と叫びました。

たぶん皆さんの会社の経理部長も知らないと思います。ためしに訊いてみてください。「連結のルーツってどこか知っています？」って。部長に自慢できると思います。もしかしたら嫌われるかもしれませんが。

†悲願の大陸横断鉄道からはじまる大量生産

建国以来少しずつ領土を拡大し、そして鉄道の路線を拡大していったアメリカ。

鉄道建設のクライマックスともいえるのが「大陸横断鉄道」の開通です。

広大な大地を東西に「つなぐ」大陸横断鉄道は、単なる運送手段の意味を超えて、アメ

トーマス・ヒル『最後の犬釘』(1881年)

リカ人の悲願でもありました。

新天地アメリカにやってきた移民たちは、どこかヨーロッパに引け目を感じていたはずです。鉄道だってもともとはイギリス発祥であり、アメリカのオリジナルではありません。しかし、大陸横断鉄道はちがいます。これほどスケールの大きい長距離鉄道はヨーロッパに存在しません。それゆえ、長い苦労の末の開通は「俺たち、とうとうやりとげたぜ」と感激ひとしおだったと思います。

アメリカの画家トーマス・ヒルは、この鉄道が開通するセレモニーを絵に描きました。それがこの絵、『最後の犬釘』です。

もともとトーマス・ヒルはイギリスの生まれ。子どものとき、両親に連れられて一家でアメリカにやってきました。ペンシルバニアの美術スクールで学び、雄大な自然を描いた風景画で有名になります。自然を描くのが得意だった彼ですが、この絵では大陸横断鉄道の開通式に参列した人々を描きました。真ん中の恰幅のいい男性がこの日の主役、リーランド・スタンフォード。ご存じスタンフォード大学の創立者です。この日は鉄道会社の社長として参列しています。

記念すべき開通式が行われたのは1869年。ここで思い出していただきたいのですが、世界ではじめて蒸気機関車が走ったのが1830年でした。そのリバプール＆マンチェスター鉄道から、たった「39年」でアメリカの大陸横断鉄道が完成しているわけです。イギリスからヨーロッパ各国で鉄道が建設され、アメリカの大陸横断鉄道が完成するまで39年！　いかにこの間の鉄道建設のスピードが早かったか、わかりますよね。どれだけ工事現場の男たちが働いたんだって、それを想像しただけで涙が出そうです。

大変なのは建設工事の男たちだけではありません。長く続く線路を引くためにはレールや枕木が大量に必要、そして橋もたくさんつくらねばなりません。そこにはヨーロッパの鉄道にはなかった技術・資金面の苦労がありました。

また完成した後も、それを運行するためには運行計画・安全管理・原価計算などのあらゆる面で高度なノウハウが必要となります。つまりヨーロッパよりも長距離で展開されるアメリカの鉄道経営はその困難さがゆえに、「ノウハウを生み出す宝庫」でもありました。

アメリカの鉄道会社からはさまざまな会計・経営の発明が生まれ、そこで働いた若人のなかから歴史に残る人物が登場します。

続けてそのなかからひとりを紹介することにしましょう。かの「カーネギー・ホール」で有名なアンドリュー・カーネギーです。彼は〝鉄鋼王〟として有名ですが、少年の頃は鉄道会社の郵便配達係でした。そんな彼がどうやって鉄鋼王になり、そして会計と経営の歴史を変えていったのでしょう？

2 アメリカ経済の黄金期をつくった「規模の経済」

†原価計算を武器に出世したカーネギー

19世紀の鉄道会社は学生たちにとって人気の就職先でした。鉄道会社に就職すれば高い給料がもらえる上に、最先端の会計や経営管理ノウハウを学べるのですから、人気になるのもうなずけます。

鉄道会社で学んだ若人たちは、そのあと他分野へ転職、あるいは自分で会社を立ち上げるなどして、その知見を広げる役割を果たしました。アンドリュー・カーネギーもそんな人物です。

カーネギーはスコットランドからやってきた移民一家の息子。毛織物職人だった父親が仕事を失い、一家でアメリカへやってきました。彼も小さいうちから働きに出ます。運のいいことに、彼は名門ペンシルバニア鉄道で働き口をみつけました。

最初は鉄道によって届けられた手紙の配達係からスタート。そこからトントン拍子で出世した彼は、この鉄道会社でしっかり会計と経営を学びます。彼自身は晩年「この会社で学んだ原価計算は大変役に立った」と語っています。

そのペンシルバニア鉄道から独立したカーネギーは鉄道用の「鉄橋」会社を立ち上げました。当時のアメリカでは、「木製の橋」が落ちる事故が多発しています。コスト削減で多用された木製橋には耐久性に問題があったようです。

「これから鉄の橋が必要とされるのはまちがいない！」

そう考えた彼は鉄橋の製造をはじめました。彼の読みは的中。この鉄橋会社で大儲けした彼は、そこから製鉄業へも進出します。

そんな彼の「成功のカギ」は何だったのでしょうか？

当時、鉄橋会社でも、製鉄業でも、経営の優先課題は「大量生産」でした。これを可能にすべくカーネギーは工場に「分業」体制を導入します。

製作作業をいくつかの工程に分け、作業者と機械を順番に配置する。そこで働く労働者の作業を可能な限り「標準化」し、だらだら働かせないように工夫しました。

カーネギーは工場に「分業＋標準」の思考を導入し、これによって大量生産を行ったのです。

分業＋標準＝大量生産

これがカーネギーの経営成功法則その1です。

鉄道業で原価計算の方法と大切さを学んだカーネギーは、工場へもこれを導入します。鉄道業で培われた原価計算の手法が、製造業へ導入されたわけです。

アメリカの初期製造業では「分業」を行うために「工程」を分けていました。原材料を投入する上流から、いくつかの工程を経て、下流の最後で製品が完成する。このように作業工程が分かれている工場を前提に誕生したのが、「原価計算」です。

その計算は3つのプロセスから成り立っています。

①費目別計算 → ②部門別計算 → ③製品別計算

このプロセスは、分業化された工場に対応しています。

まず材料の購入費や従業員の人件費を「材料費・労務費・経費」として①費目別に計算する。次に前工程から後工程へ向けて②部門別の流し計算を行う。最後に製品ごとの原価を③製品別計算で明らかにする。

以上が原価計算のプロセスです。それは分業されてバラバラになってしまった工程を「つなげて」製品原価を計算する仕組みなんですね。

連結がバラバラの会社をつなげてグループ全体の業績を見るものなら、原価計算はバラバラの工程をつなげて製品原価の計算を行います。どちらも「つなげる」がキーワードですので覚えておいてください。

†規模の経済を目指して成功した男たち

鉄橋から鉄鋼の製造を行う過程でカーネギーは気づきました。

「たくさんつくったほうが儲かるぞ」と。

分業化された工場で大量生産を行えば、大量販売することができます。これは売上が増えるプラス効果だけではありません。たくさんつくることによって、「製品1個当たりのコストが下がる」削減効果もあるわけです。

大量生産すれば1個当たりの製品コストが下がる。だから値下げして売っても儲けが増える――このメカニズムを理解したカーネギーは大量に生産した製品を低価格で販売しました。買う側からしても、良質な鉄鋼が安く手に入るのですから、これは大歓迎。

こうして、カーネギーは大成功を手にしました。

このように、大量に生産して安く売って儲けることを「規模の経済」といいます。スケール・メリットと言ったほうがわかりやすいでしょうか。これを理解し、かつ実践したことでカーネギーは成功しました。これをカーネギー経営成功法則その2としましょう。

大量生産＋大量販売＝規模の経済

この手法は他の製造業にも広がり、いつしか「規模の経済」にもとづく大量生産・大量販売はアメリカ製造業の得意技となっていきます。

†主役は自動車へ

鉄道会社のノウハウから成功したカーネギーは「蒸気機関車時代のヒーロー」といえるでしょう。そんな彼が活躍した19世紀が終わり、20世紀に時代が進むと、新たな乗り物が現れました。それが「自動車」です。

改めて振り返ると、会計と経営の歴史は「乗り物とともに進化」していることがわかります。イタリア・スペイン・オランダ編の中世から18世紀までは「船」が主役。続いて19世紀、産業革命のイギリスから「蒸気機関車」へ主役交代。新たな会計・経営のノウハウは鉄道会社から生まれるようになりました。それはアメリカでも続いており、いまお話ししたカーネギーは鉄道会社から成功法則を学びました。

そして再びの主役交代。こんどは「自動車」です。ドイツやフランス、イギリスで開発が進んだ自動車、アメリカにおいて商業的に成功した製品となりました。

技術的に走れる自動車をつくるだけでなく、それを生産・販売することで会社が儲かるように経営する。これはなかなか難しいことですが、これから紹介するヘンリー・フォードはその困難な事業を成功させました。これによってアメリカ人はT型フォードを購入、そのハンドルを握って行きたい場所へ行ける自由を手にします。

また、T型フォードの製造・販売を成功させたフォード社のやり方は「お手本」として、他の自動車産業からすべての製造業へと広がっていきました。

自動車産業をはじめとする製造業が黄金期を迎えた20世紀初期のアメリカ、世界一の経済大国の座に登りつめます。蒸気機関車がイギリスを19世紀の経済大国へ押し上げたなら、20世紀には自動車がアメリカを世界一の経済大国へ押し上げたといえるでしょう。

T型フォードを売ったヘンリー・フォードには、先輩カーネギーから受け継がれた成功法則がしっかりと存在していました。それが「規模の経済」です。

†フォードの成功とカンパニー・マニア

「規模の経済」の法則は誰が発明したというものではなく、アメリカの製造業に脈々と受け継がれてきたノウハウです。

たとえば「銃」の生産では、高性能かつ安価な銃が国内生産されました。19世紀前半の銃工場では「標準化された銃の大量生産」が行われています。皮肉なことに、高性能かつ安価な銃が大量に出回ったことで南北戦争の死傷者が増えてしまいました。

「流れ作業・作業標準化・互換部品制」といった特徴をもつアメリカ式の生産システムは、「素人の移民ばかりで、しかも人件費が高い」モノづくり現場だったからこその工夫です。

それはフレデリック・テイラーの科学的管理法などのノウハウを吸収しつつ発展しました。そのバトンが20世紀になってヘンリー・フォードへ渡されます。

農家の息子ヘンリー・フォードは農家の跡継ぎを期待されますが、これを拒否して自動車づくりに熱中します。彼の試作車は時速15キロ程度で街を走りました。途中で部品をポロポロ落としながらの試走だったそうです。その試作車に改良に次ぐ改良を重ね、20世紀になってとうとう完成させたのが有名なT型フォードです。

私、学生の頃アイルランドのロックバンド、シン・リジィが大好きだったのですが、この「シン・リジィ（Thin Lizzy）」の名は、もともとT型フォードの愛称（Tin Lizzy）にちなんだネーミングだったそうです。

それはともかく、かわいくて性能の良い車ができた。次はどうやってそれを大量生産するかです。ここで彼は食肉の加工工場からヒントを得て、ベルトコンベア・システムを考案します。

作業者が動くのではなく、作業者の前を部品が移動するベルトコンベアの導入によって作業効率は一気に高まりました。先輩カーネギーが工場に導入した流れ作業が、フォードの工場においてさらに洗練され、大量生産を可能にしたのです。

さらに大量生産を可能にするため、フォードは多くの自動車をつくらず、T型フォードに絞りました。色も黒だけという徹底ぶり。

こうして大量生産されるT型フォードの1台当たりコストは劇的に下がりました。そこでフォードはこの車の販売価格を値下げしていきます。コストが下がっているので、値下げしても儲けが出るからです。

安く売ると消費者がたくさん買ってくれます。そうすると、さらに儲けが大きくなる。その儲けをもとに、従業員の給料アップを行いました。

こうしてフォード社は「作業は単調でつまらないけど、給料はかなり高い」職場となりました。この「仕事が単調」である部分をクローズアップして、チャップリンは映画『モダン・タイムス』をつくりました。

いくらチャップリンが批判しようと、給料の高いフォード社は従業員にとって人気の職場でした。イギリス編で説明した「会社で働くこと」が大好きなカンパニー・マニアは、ここアメリカにおいてさらに労働愛好度を増していきます。

アメリカのカンパニー・マニアたちは働くのが大好きであると共に、勉強するのも大好きでした。自らのビジネススキルを高め、それをもって会社の利益に貢献する。そんな「勉強好きカンパニー・マニア」の誕生に合わせ、アメリカではビジネスを教える学校が登場します。T型フォードの大量生産がはじまった1908年にはボストンでハーバード・ビジネス・スクールが開校。その数年後に、シガゴ大学にて会計の歴史に残る新講座がはじまります。

†シカゴ大学にて管理会計講座が誕生

われわれの生きる21世紀は「モノあまり」時代です。だから片づけ、掃除、整理といったテーマが流行っています。

この真逆だったのが19世紀から20世紀のアメリカ。そこでは基本的に「モノ不足」でした。大陸横断鉄道はじめ、続々と建設される鉄道に乗って移動した移民たちは、気に入った場所で暮らしはじめます。だんだんと人口が増え、そこに街ができる。そんな状況のもとで、食べ物や生活関連の製品に需要が生まれます。まずは食肉加工の工場などが真っ先に大量生産をはじめています。フォードがベルトコンベアのヒントを得たのが食肉工場だったのは、偶然とは思えません。なぜなら当時の工場のなかで、食品関連の工場はすでに効率的な生産に取り組んでおり、そこにはフォードが学びたいノウハウがあったのです。

私たちからみれば羨ましい「つくれば売れる」環境ですが、彼らには彼らの悩みがありました。まずは、すでに説明してきた「大量生産するための方法」をいかにつくるかです。そしてもうひとつが、「急変する需要への対応」でした。

19世紀のアメリカには好景気と不景気が折りかさなるようにやってきています。経営者にとってこれへの対応はかなりの難問。このような景気変化への対応は20世紀になってますます重要度を増しています。

20世紀には景気変動の波が大きくなり、しかも工場等への投資が巨額になっています。それゆえ、経営者は「どれだけ生産すべきか?」「設備投資をすべきか否か?」について悩んでいました。

これに対して従来の会計や決算書はヒントをくれません。なぜなら、そこに書かれているのは「過去の実績」だからです。経営者が知りたいのは「これからどうすべきか」という未来への指針です。

このような経営の不満を解消する、すばらしい会計の新講座がシカゴ大学で誕生しました。開講したのは会計学教授のジェームズ・マッキンゼー。彼は「経営者よ、未来を見ろ！」と宣言して、新たな管理会計講座を立ち上げました。この講座では従来の経理的な内容ではなく、予算制度を中心に講義が行われました。

予算制度を導入して来年の利益計画をつくろう、それをもとに行動すれば、需要の変化を乗り切れる。このメッセージは経営者やその予備軍の心に響いたようで、講座は大人気となりました。

マッキンゼー教授がはじめた新講座で教えられた「管理会計」のことを英語でマネジメント・アカウンティングといいます。この講座の誕生は会計の歴史にとって偉大な一歩でした。なぜなら、管理会計の登場によって、とうとう会計は過去ではなく未来を扱うことになったからです。

イタリアからオランダを経てイギリス、アメリカと育ってきた、それまでの財務会計は

「過去の後追い」でした。その一方、ここで新たに登場した管理会計は経営者の判断を助ける「未来の計画」を扱います。

管理会計は、学び好きカンパニー・マニアたちへ「新たなネタ」を提供したようで、これ以降、アメリカのビジネススクールはこぞって管理会計講座をメニューに取り入れるようになりました。

ハーバード・ビジネス・スクールに対し、ひそかにライバル心を燃やしていたであろうマッキンゼー教授の新たな試みは成功しました。彼は予算についての本を執筆してこれまた大ヒット。ノリノリのマッキンゼー教授は自らの名前が付いたコンサルティング会社まで立ち上げました。これが有名なマッキンゼー・アンド・カンパニーです。こうしてマッキンゼーは「世界でもっとも商業的に成功した会計学教授」になりました。あ、もちろんそう私が思っているだけですが。

3 大恐慌を乗り切った者たち

†アメリカを襲った大恐慌

いまや世界金融の中心、ニューヨークのウォール・ストリートになぜ「ウォール」の名がついているのか、そのワケを知っていますか?

これは17世紀にこの地を植民地にしていたオランダ人が、インディアンの泥棒・襲撃に備えてつくった壁に由来しています。

オランダ人がそのままこの地をもっていれば、ニューヨークではなくニューアムステルダムだったかもしれません。しかし香辛料好きのオランダ人は、ナツメグの取れそうなインドネシアの島と交換にマンハッタン島をイギリスへ差し出しました。これによってこの地はニューヨークの名前になったのです。……それにしても、この当時のオランダ人とイギリス人のネーミングセンスのなさって、すさまじいですよね。ニューアムステルダムにニューヨークですよ。三重県人がここを植民地にして「ニューイセ」って名づけるようなもの。私なら恥ずかしくて無理です、そんなの。

それはいいとして、ニューヨークのウォール・ストリートにあるNYSE、ニューヨーク証券取引所といえば、いまや世界金融の中心です。これからこの取引所で起こった「大恐慌」をめぐる物語をお話ししましょう。

イギリスで世界ではじめての鉄道が走った1830年代、ニューヨーク証券取引所の株式売買数は数百株でした。それが1880年代には100万株を突破しています。この活況の理由はおわかりですね、そう、鉄道株人気のおかげです。1898年の段階で、公開株の半分以上が鉄道株でした。これだけ盛り上がれるとはレールウェイ・マニア、おそるべし。

20世紀に入ると少しずつ、鉄道会社以外に製造業や小売業の株式が取引されるようになりました。19世紀から20世紀にかけて、規模の経済に気づいた経営者たちが「大きいことはいいことだ」と企業集中運動を繰り広げており、その巨大な会社に資金が流れます。カーネギーも自らの製鉄会社をJ・P・モルガンに売却、これに200社の中小企業を合併させてUSスチールを設立、株式公開しました。20世紀に入るとそのような株式公開が続々と行われます。創業者からすれば、自らの会社株式を公開できることは夢であると同時に、一攫千金を狙えるチャンスでもありました。

第一次大戦を戦勝国として乗り切った1920年代に入ると、製造業などの実業とそれを支える金融機能がうまくかみ合い、ガンガンつくってガンガン売る大量消費時代がやってきます。その時期は株価の上昇を続けますが、しかし、破滅の足音はすぐそこまで迫っていました。

1929年10月24日、とうとうその日がやってきます。「暗黒の木曜日」、大恐慌のはじまりです。

オランダのチューリップ、フランスのミシシッピ会社など、さまざまに繰り返されてきた「暴落の悲劇」がとうとうアメリカにもやってきました。翌週の10月29日火曜日にもさらなる株価暴落が襲い、反転のかすかな望みを抱いた人たちの心は打ち砕かれました。破産者や自殺者が多数。株価が1929年の水準に戻ったのは1951年のことです。

しかし、この大暴落でも株価が下がらなかった会社がありました——それがコカ・コーラです。大恐慌のあと間もなく株価は回復、その後も株価は着実に上昇を続けました。ほとんどの会社が苦しんだ1930年代、コカ・コーラは着実に業績を伸ばしていったのです。

†ブランド投資の重要性と会計との接点

規模の利益を求めての大量生産・大量販売、そしてコストを下げての低価格販売。

それがアメリカ製造業の成功法則なら、コカ・コーラはその法則によって、もっとも成功した会社といえるでしょう。

コカ・コーラは大量生産・大量販売・低価格販売をうまくやる方法を磨きつつ、さらに別の要素を加えました。それが「マーケティング」の工夫です。

いまや世界中の子どもや大人が、サンタクロースの服といえば「赤色」を想像します。実はこれ、サンタにコーラの赤色をむりやり着せたコカ・コーラ社のCMからきているのです。もともと聖人サンタクロースはさまざまな色の服を着ていました。しかし、コカ・コーラ社からCM制作を依頼されたスウェーデン人が「鮮やかな赤い服のサンタ」を描いて以来、世界中の人々に「赤いサンタ」のイメージが定着したようです。

このほか同社はコカ・コーラを売るためのCMについて、製品イメージをとても大切にしました。これはそれまでの製造業にはなかったことです。当時の製造業で「ブランド」を認識し、大切にしていた会社など、ほとんどありません。コカ・コーラはブランドの重要性にいちはやく気づき、それを大切にすることで業績を伸ばしていきました。

いまやコカ・コーラは疑う余地のない世界的ブランドです。

それはまたアメリカ製造業の伝統をつくった「ザ・アメリカン・ブランド」であるとい

えるでしょう。その特徴はまず「大量生産・大量販売」です。このためにフランチャイズ制をとりつつ、厳しい品質管理を行って「世界のどこでも同じ味」を実現しています。

次に、「低価格販売」です。ヨーロッパからやってきた移民たちがつくったアメリカ。その移民たちはどちらかといえば貧しい人が多かった。彼らに買ってもらうためには生活に密着した製品が望ましいわけです。その代表選手が食べ物と飲み物です。コカ・コーラは彼らに好んでもらえる「飲んでスッキリする飲み物」を安い価格で販売しました。

そして最後に「一般向けCMのうまさ」です。コカ・コーラにとって、CMをはじめブランドに対する支出はまぎれもなく「投資」です。もしかするとそれは工場の建物や機械への投資より重要性が高いかもしれません。自らのブランドを守り育てるために、どこへどれだけの投資をすべきなのか。これは従来の会計や経営の枠組みを超えた新しいテーマといえるでしょう。

21世紀のいま、ブランドはすべての製造業、小売業、サービス業、そしてフリーランスにとって重要なテーマになっています。それは通常マーケティングの範囲で考えられていますが、それが投資である以上、会計とも密接に関係しています。

これまでの会計という分野はともすると「経理の仕事」と考えられてきました。

しかしいまや広告宣伝、マーケティング担当者にとっても、会計上の費用対効果をシミュレーション、効果測定することは必須の仕事になっています。

過去を見る財務会計から、未来を創る管理会計になり、その知識はマーケティング・広告宣伝・営業担当者にも必要な知識になってきたということです。

†悪党ジョー、クリーンな市場改革を行う

1929年の大恐慌後、アメリカでは会計制度の大改革が行われました。

それを成しとげた中心人物がジョセフ・パトリック・ケネディ、通称〝ジョー〟という人物です。

彼は大恐慌がやってくる以前に、少々乱暴な手口で大儲けしていました。

アイルランド移民の祖父を持つ彼は、ハーバード大学を卒業後、銀行検査官の職に就き、そこで決算書の読み方や経営分析について学びます。

そんな「表の勉強」に合わせ、株価操作やインサイダー取引など「裏の勉強」についてもこっそり学び、大儲けしたようです。当時のマーケットには彼のような怪しい人物がたくさんいました。アル・カポネも顔負けの悪党ジョーは「儲けるのは簡単だ、取り締まる法律ができる前にそれをやればいい」と語っています。

このような人物には「大恐慌ですべての財産を失った」とのオチがつくことが多いですが、ジョーは大恐慌を無傷で乗り切りました。それどころか、彼はカラ売りによって大恐慌でも資産を増やしています。

このあと野心家の彼は政界に近づきます。大恐慌後の大統領選挙でルーズベルトを応援、そのルーズベルトは当選して第32代アメリカ合衆国大統領の座に着きます。

「さて、俺を何の職に就けてくれるのかな？」と不敵な笑みを浮かべるジョー。

そんな彼に、ルーズベルトは、あっと驚く役職を用意しました。それが「SEC（Securities and Exchange Commission：アメリカ証券取引委員会）初代委員長」です。

ＳＥＣはインチキが横行するマーケットを公正で透明な場へと変えるため新設された機関です。なぜそこにあんな悪党が！　と各方面から大きなブーイングが起こりました。しかし腹をくくったルーズベルトは慌てず騒がず、こんな名言を吐いています。

「泥棒を捕まえるには、泥棒がいちばんだ」

ルーズベルト大統領の行ったニューディール政策のなかでも、証券市場改革は重要な施策でした。ここで「証券市場をクリーンにして、誰もが参加できるようにする」制度改革が行われます。

まずはインサイダー取引が禁止されました。「ジョーがやってきた」ようなズルい取引はここで禁止されました。

また、会社の決算書に粉飾インチキ決算が多かったことを反省して、「正しい決算書」を作成・報告するよう制度改革が行われました。

アメリカが国として会計ルールを定め、会社はそれに従って決算を行うことになりました。ここで制定されたアメリカの会計ルールがＵＳギャップ（US-GAAP）です。

また、会社の決算書作成がルールに則って正しく行われているかについて、ＣＰＡ（Certified Public Accountant）が監査することになりました。

こうした一連の改革によって、公開会社には厳しい財務報告体制が義務づけられました。それは証券市場の信頼性を取り戻すための改革です。

公正で透明な証券市場をつくるためのこうした制度改革は証券取引法にまとめられました。

SECのジョーはトップとしてこれら〝クリーンな改革〟を指揮しました。それにしてもジョーをSECトップに持ってきたアメリカという国の懐の深さには驚かされます。

†アメリカで花開いたディスクロージャー

意外にもジョーは「クリーンな市場改革」の仕事を、とてもうまくやりとげました。任期を終えて退任したときは、彼の仕事ぶりに賞賛の声が上がったほどです。

彼の努力によって完成した新たな会計制度は3つのポイントで整理できます。

①経営者はルールに基づいて正しく決算書を作成する
②正しく作成されたかどうか公認会計士が監査する
③決算書を投資家に対してディスクロージャーする

①証券市場に株式を公開した会社は、ＵＳギャップの会計ルールに基づいて正しく決算書を作成・報告しなければなりません。

②会社は決算書を正しく作成・報告したかについて専門家たるＣＰＡの監査を受けなければなりません。

③決算書は株主と債権者だけでなく、「投資家」に対してディスクロージャー（＝情報公開）しなくてはなりません。

このうち大恐慌後の新改革で注目すべきは「③投資家へのディスクロージャー」です。それまで決算書は株主と債権者（銀行等）のために作成・報告されるものでした。これは現在の資金提供者に対して「プライベート」に行われる作成・報告です。

しかし決算書の報告先をプライベートに限定すると、「これから株を買おうと考えている人」には情報が提供されません。証券市場を活性化するためには、初心者に入ってきてもらいたいところ。そこで新たな枠組みでは、「将来の見込み株主・債権者」にまで情報開示を拡大しました。「現時点の株主・債権者」に「見込み株主・債権者」を含むものが「投資家（Investor）」です。

投資家＝現在の株主・債権者＋見込み株主・債権者

ここでいう投資家とは、すべての国民のことになります。よって会計報告はすべての国民に対して「パブリック」に行うべき――これがアメリカで登場した投資家保護のためのディスクロージャーです。とうとう決算報告は「すべての国民のために」行われることになりました。

さて皆さん、この「パブリックな情報公開」、どこかで聞いた覚えがありますよね？

そう、フランスです。フランス編でお話ししたふたつのディスクロージャー、ネッケルの決算書公開が大騒ぎになり、ナポレオンの美術館公開は大成功したという話。

言ってみればアメリカは、その「いいとこどり」のディスクロージャーを目指したわけです。それは決算書を情報公開しながら、人々の関心を株式市場へ向けさせ、会社の株価を上げようとする作戦。

これはかなりうまくいきまして、先ほどの①②③の会計制度はアメリカから世界へと広がっていきました。かくしてアメリカは会計先進国と言われることになりました。もちろん日本にも入ってきています。

†悪党が遺したもの

今日はアメリカを舞台に会計・経営の歴史をお話ししました。それは原価計算から管理会計、そして財務会計のディスクロージャーまでの発展です。

振り返れば、アメリカは1776年に独立してから、100年も経っていない1869年に大陸横断鉄道を完成させ、そこから100年も経たないうちに経験した1929年の大恐慌も乗り切り、ここまで会計制度を発展させたのだから、ほんとにタフな国です。

建国から短期間で領土を拡大し、経済大国に登りつめたアメリカ。それをうしろから支えたものが会計制度の革新であったのはまちがいありません。それはモノづくりを支えた原価計算の仕組み、そして未来の計画をつくる管理会計の体系、それから企業に資金を呼び込むためのディスクロージャー体制の3点セットでした。

原価計算・管理会計・ディスクロージャー――この3点セットはたしかにアメリカで誕生したわけですが、これらもまた「漁夫の利」であったように思えてなりません。スペイン・フランス・オランダから領土を獲得したのと同じく、会計制度についても先輩国の成功や失敗を踏まえつつ、「経営をしっかり支える会計の仕組み」をつくりあげたわけです。
これによって現在、アメリカは「会計先進国」となっています。

いまや世界の政治的・経済的リーダーとしてふるまうアメリカ。すこし心配なのはそこに少々の傲慢を感じてしまうこと。そしてもうひとつ心配があるとすれば、モノづくり産業に比べて、金融業界やマーケットの盛り上がりがいささか過剰に思えること。これらは私の杞憂であればいいのですが……。もともと豊かな大地とともに歩んできたアメリカですから、これからも「地に足のついた」成長を続けてほしいところです。あ、最後の最後に偉そうになってしまいましたね、すみません。

そうそう、今回取り上げた人物のなかで「会計の歴史に残る人物」ジョー・ケネディが私大好きなんです。

なんでも「ケネディ」の名は「ぼさぼさ髪」を意味するそうです。今から約700年前、彼らのご先祖は姓名を名乗りはじめました。それまでは姓を持たなかった彼らが、身体的な特徴をもとにした姓名を名乗るようになったのは、人頭税のせいだったようです。身体的な特徴を名前にすれば個人を特定しやすく、税金が取りやすいのですね。つまり名字は「税金を取る側」の理屈によって付けられたのです。ちなみにイギリス首相だったキャメロンは「曲がった鼻」という意味だそうで。

人々が熱狂の果てに落ち込んだ大恐慌後、ワル男のジョー・ケネディの時代に「投資家」概念が登場しました。この「会計パブリック化」はそれから歩みを止めることなく、21世紀には「投資家のグローバル化」によって国際会計基準が登場しています。

700年前、「納税のため」にケネディと名付けられた一族の末裔が、とうとう世界の資本市場を動かすまでに出世したのだから、これはすごいことです。

さて、これから会計と経営をめぐって、どんな興奮と熱狂のドラマが繰り広げられるのでしょうか。私たちが生きている間にもまだまだドラマは続きそうですね。私も皆さんと一緒に長生きして、その物語を見守りたいと思います。

これで講義はおしまいです。気持ちよく一杯！という気分ですが、長生きするために今日はコカ・コーラで我慢することにします。

皆さん、またどこかでお目にかかりましょう。ではまた！

あとがき（感謝とともに）

本書のはじめに「酔いどれ殺人者」カラヴァッジョをご紹介しました。

彼はドラマチックなまでに鮮やかな「光と影」を表現する天才でした。


すべてのものごとには光と影、表と裏があります。

本書で扱った「会計」は、国家や会社はじめ、組織の裏側を支える存在です。

会社でいえば、製造や販売が表側なら、お金を記録する経理は裏側の「縁の下の力持ち」。そんな経理パーソンがいるから会社が続けられるのです。

帳簿・株式会社・証券取引所・利益計算・情報開示――これらの発明が登場するたび、金融市場の興奮と狂乱は何度となく繰り返されました。その裏側には必ず、地道に仕事をしている経理パーソンがいます。本書がそんな経理パーソンにとって「仕事に興味と誇りが持てる」内容であったなら幸いです。

それから裏側を支える縁の下の力持ちといえば、この本の編集を担当してくれた藤岡美玲さん。原稿を読みながら的確に指摘をくれるだけでなく、「ここ、おもしろいです！」と励ましてくれるコメントにはずいぶん勇気づけられました。この温かい姿勢をすべての編集者に教えたいほどです。藤岡さん、本書を裏から支えていただき、どうもありがとうございました。

＊　＊　＊　＊

輝かしい成功といわれる産業革命のころ、イギリスの労働者たちは意外にも悲惨な生活をしていました。

ヘトヘトになるまで働く彼らが住むのは狭くて日当たりの悪い部屋。そこにはキッチンすらありません。そんな彼らの味方が「フィッシュ＆チップス」でした。この腹持ちのいい料理をテイクアウトして食べながら、労働者たちはがんばりました。

さらに工場労働が過酷になったアメリカでは深夜まで生産が続きます。そこで働く労働者のために、工場までランチワゴン（移動式屋台）を運ぶ者がいました。休憩時間の労働者たちへソーセージをパンに挟んだ「ホットドッグ」を売ります。

そのうちグリル付きワゴンが登場すると、こんどはハンバーグをパンに挟んだ「ハンバーガー」が売られました。アメリカの労働者たちは、このハンバーガーを楽しみに、長くてつらい労働に耐えました。

フィッシュ&チップス、ホットドッグ、ハンバーガーは、工場労働者を支える「縁の下の力持ち」でした。これらを売る者も、そして食べる者も、歴史の表舞台には登場しません。しかし彼らは「会計と経営の歴史」をしっかり裏から支えていました。

やがてランチワゴンを引いていた商売人は「ダイナー」と呼ばれる店を持ちはじめます。食堂車を思わせるカウンターのついた、プレハブづくりの質素なレストラン。そんなダイナーは、夜働く労働者たちのためもあって深夜まで営業されました。アメリカのエドワード・ホッパーが『ナイトホークス』（1942年）でダイナーを描いたころ、ハンバーガーはすでにアメリカの国民的料理となっています。

エドワード・ホッパー『ナイトホークス』(1942年)

21世紀の今もなお、世界中で愛されているハンバーガー。
ハンバーグはヘンリー・フォードがヒントを得たアメリカの食肉工場でつくられます。
香りの彩りを加えるのは、ペッパーサックたちが運び、イタリア商人が愛した香辛料。
南米からスペイン人が持ち帰ったトマトは、ペースト状のケチャップになっています。
農作物が育ちにくい干拓地でオランダ人がはじめた酪農から、チーズが生まれました。
ヨーロッパの大切な主食であったパンは、いまもしっかりハンバーグを挟んでいます。
南米から届いたジャガイモは、フランス人に好かれてフレンチ・フライになりました。
コカ・コーラはハンバーガーやフレンチ・フライと共にセットメニューになりました。

原価計算・管理会計・情報開示がアメリカが生んだ「会計3点セット」であるなら、ハンバーガーとポテトとコーラもまたアメリカが誇る「3点セット」です。
会計3点セットだけでなく、ハンバーガーセットにも700年の歴史がつまっています。

誰が何と言おうと、私はフィッシュ&チップス、ホットドッグ、そしてハンバーガーが大好きです。

これらのジャンク・フードは、イギリスやアメリカ、そして世界の労働者たちの味方。どれだけの人々がこれを食べながら、つらい日々に耐えたのでしょう。それを思うと、「まだまだやるぞ」という気持になります。

遠い昔の名もなき料理人と労働者たち、このおいしさと勇気を残してくれてどうもありがとう！

参考文献

『カラヴァッジョへの旅――天才画家の光と闇』宮下規久朗著、角川選書、二〇〇七
『もっと知りたいカラヴァッジョ――生涯と作品』宮下規久朗著、東京美術、二〇〇九
『会計の世界史――イタリア、イギリス、アメリカ――500年の物語』田中靖浩著、日本経済新聞出版、二〇一八
『名画で学ぶ経済の世界史――国境を越えた勇気と再生の物語』田中靖浩著、マガジンハウス、二〇二〇
『胡椒　暴虐の世界史』マージョリー・シェファー著、栗原泉訳、白水社、二〇一四
『スパイス、爆薬、医薬品――世界史を変えた17の化学物質』P・ルクーター／J・バーレサン著、小林力訳、中央公論新社、二〇一一
『レオナルド・ダ・ヴィンチの生涯――飛翔する精神の軌跡』チャールズ・ニコル著、越川倫明他訳、白水社、二〇〇九
『レオナルド・ダ・ヴィンチ――生涯と芸術のすべて』池上英洋著、筑摩書房、二〇一九
『会計の歴史探訪――過去から未来へのメッセージ』渡邉泉著、同文舘出版、二〇一四
『バランスシートで読みとく世界経済史』ジェーン・グリーソン・ホワイト著、川添節子訳、日経BP、二〇一四

『会計の時代だ――会計と会計士との歴史』友岡賛著、ちくま新書、二〇〇六
『帳簿の世界史』ジェイコブ・ソール著、村井章子訳、文藝春秋、二〇一五
『税金の世界史』ドミニク・フリスビー著、中島由華訳、河出書房新社、二〇二一
『お金の流れでわかる世界の歴史――富、経済、権力……はこう「動いた」』大村大次郎著、KADOKAWA、二〇一五
『脱税の世界史』大村大次郎著、宝島社、二〇一九
『スペイン史10講』立石博高著、岩波新書、二〇二一
『もっと知りたいエル・グレコ――生涯と作品』大髙保二郎・松原典子著、東京美術、二〇一二
『街道をゆく35 オランダ紀行』司馬遼太郎、朝日文芸文庫、一九九四
『資源争奪の世界史――スパイス、石油、サーキュラーエコノミー』平沼光著、日本経済新聞出版、二〇二一
『興亡の世界史15 東インド会社とアジアの海』羽田正著、講談社、二〇〇七
『東インド会社――巨大商業資本の盛衰』浅田實著、講談社現代新書、一九八九
『オランダ東インド会社』永積昭著、講談社学術文庫、二〇〇〇
『栄光から崩壊へ――オランダ東インド会社盛衰記』科野孝蔵著、同文舘出版、一九九三
『株式会社』ジョン・ミクルスウェイト他著、鈴木泰雄訳、ランダムハウス講談社、二〇〇六
『教養としてのお金とアート――誰でもわかる「新たな価値のつくり方」』田中靖浩・山本豊津著、KADOKAWA、二〇二〇

『図説 フランス革命史』竹中幸史著、河出書房新社、二〇一三
『バブルの物語』ジョン・K・ガルブレイス著、鈴木哲太郎訳、ダイヤモンド社、一九九一
『「木」から辿る人類史――ヒトの進化と繁栄の秘密に迫る』ローランド・エノス著、水谷淳訳、NHK出版、二〇二一
『スティーブンソンと蒸気機関車』C・C・ドーマン著、前田清志訳、玉川大学出版部、一九九二
『動力物語』富塚清著、岩波新書、一九八〇
『鉄道会計発達史論』村田直樹著、日本経済評論社、二〇〇一
『生活の世界歴史10 産業革命と民衆』角山栄・村岡健次・川北稔著、河出文庫、一九九二
『アメリカ経営分析発達史』國部克彦著、白桃書房、一九九四
『大恐慌のアメリカ』林敏彦著、岩波新書、二〇〇三
『アメリカ鉄道管理会計生成史――業績評価と意思決定に関連して』高梠真一著、同文舘出版、一九九九
『米国管理会計発達史』廣本敏郎著、森山書店、一九九三
『カーネギー自伝』アンドリュー・カーネギー著、坂西志保訳、中公文庫、二〇〇二
『モルガン家――金融帝国の盛衰（上・下）』ロン・チャーナウ著、青木榮一訳、日経ビジネス人文庫、二〇〇五
『汝の父の罪――呪われたケネディ王朝』ロナルド・ケスラー著、山崎淳訳、文藝春秋、一九九

六
『ハンバーガーの歴史――世界中でなぜここまで愛されたのか?』アンドルー・F・スミス著、小巻靖子訳、ブルース・インターアクションズ、二〇一一
『コカ・コーラ帝国の興亡――100年の商魂と生き残り戦略』マーク・ペンダグラスト著、古賀林幸訳、徳間書店、一九九三

ちくま新書
1647

会計《かいけい》と経営《けいえい》の七〇〇年史《ななひゃくねんし》
――五《いつ》つの発明《はつめい》による興奮《こうふん》と狂乱《きょうらん》

二〇二二年四月一〇日　第一刷発行

著　者　田中靖浩（たなか・やすひろ）

発行者　喜入冬子
発行所　株式会社 筑摩書房
東京都台東区蔵前二-五-三　郵便番号一一一-八七五五
電話番号〇三-五六八七-二六〇一（代表）
装幀者　間村俊一
印刷・製本　株式会社 精興社

ISBN978-4-480-07475-1 C0234

ちくま新書

1260
金融史がわかれば世界がわかる【新版】——「金融力」とは何か
倉都康行

金融取引の相関を網羅的かつ歴史的にとらえ、資本主義がどのように発展してきたかを観察。旧版を大幅に改訂し、実務的な視点から今後の国際金融を展望する。

1276
経済学講義
飯田泰之

ミクロ経済学、マクロ経済学、計量経済学の主要3分野をざっくり学べるガイドブック。体系を理解して、大学で教わる経済学のエッセンスをつかみとろう!

1458
図解でわかる会社の数字——株価を動かす財務データの見方
花岡幸子

財務3表の見方から経済指標の意味まで、株式投資や就職の前に知っておきたい会社の数字の読み解き方をすべてネコで図解。この一冊で、会社の実力を見抜く!

1538
貿易の世界史——大航海時代から「一帯一路」まで
福田邦夫

国であれ企業であれ、貿易の主導権を握ったものが世界を動かしてきた。貿易の始まった大航海時代までさかのぼり、グローバル経済における覇権争いの歴史を描く。

1593
日本金融百年史
横山和輝

関東大震災、金融恐慌、戦時下経済から戦後復興、高度成長、バブル、失われた30年へ。歴史に学ぶことはなぜ難しいのか? 株式市場、金融・経済の歴史を追う。

1599
SDGsがひらくビジネス新時代
竹下隆一郎

気候危機、働き方、声を上げる消費者……。すべてがビジネスにつながっていくSDGsの時代を迎え、「これからの見取り図」を示したビジネスパーソン必読の書!

837
入門 経済学の歴史
根井雅弘

偉大な経済学者たちは時代の課題とどう向き合い、それぞれの理論を構築したのか。主要テーマ別に学説史を描くことで読者の有機的な理解を促進する決定版テキスト。

ちくま新書

002
経済学を学ぶ
岩田規久男
交換と市場、需要と供給などミクロ経済学の基本問題から財政金融政策などマクロ経済学の基礎までを、現実の経済問題に即した豊富な事例で説く明快な入門書。

065
マクロ経済学を学ぶ
岩田規久男
景気はなぜ変動するのか。経済はどのようなメカニズムで成長するのか。なぜ円高や円安になるのか。基礎理論から財政金融政策まで幅広く明快に説く最新の入門書。

785
経済学の名著30
松原隆一郎
スミス、マルクスから、ケインズ、ハイエクを経てセンまで。各時代の危機に対峙することで生まれた古典には混沌とする経済の今を捉えるためのヒントが満ちている！

1061
青木昌彦の経済学入門
――制度論の地平を拡げる
青木昌彦
社会の均衡はいかに可能なのか？　現代の経済学を主導した碩学の知性を一望し、歴史的な連続／不連続性のなかで、ひとつの社会を支えている「制度」を捉えなおす。

1610
金融化の世界史
――大衆消費社会からＧＡＦＡの時代へ
玉木俊明
近世から現在までの欧米の歴史を見なおし、ＧＡＦＡが君臨し、タックスヘイヴンが隆盛する「金融化社会」に至った道のりと、所得格差拡大について考える。

1609
産業革命史
――イノベーションに見る国際秩序の変遷
郭四志
産業革命を四段階に分け、現在のＡＩ、ＩｏＴによる第四次産業革命に至るまでの各国のイノベーションの変転をたどり、覇権の変遷を俯瞰する新しい世界経済史。

035
ケインズ
――時代と経済学
吉川洋
マクロ経済学を確立した20世紀最大の経済学者ケインズ。世界経済の動きとリアルタイムで対峙して財政・金融政策の重要性を訴えた巨人の思想と理論を明快に説く。

831
現代の金融入門【新版】
池尾和人
情報とは何か。信用はいかに創り出されるのか。金融の本質に鋭く切り込みつつ、平明かつ簡潔に解説した定評ある入門書。金融危機の経験を総括した全面改訂版。

619
経営戦略を問いなおす
三品和広
戦略と戦術を混同する企業が少なくない。見せかけの「戦略」は企業を危うくする。現実のデータと事例を数多く紹介し、腹の底からわかる「実践的戦略」を伝授する。

822
マーケティングを学ぶ
石井淳蔵
市場が成熟化した現代、生活者との関係をどうデザインするかが企業にとって大きな課題となる。著者はここを起点にこれからのマーケティング像を明快に提示する。

928
高校生にもわかる「お金」の話
内藤忍
お金は一生にいくら必要か？　お金の落とし穴って何だ？　AKB48、宝くじ、牛丼戦争など、身近な喩えでわかりやすく伝える、学校では教えない「お金の真実」。

336
高校生のための経済学入門
小塩隆士
日本の高校では経済学をきちんと教えていないようだ。本書では、実践の場面で生かせる経済学の考え方をわかりやすく解説する。お父さんにもピッタリの再入門書。

701
こんなに使える経済学
——肥満から出世まで
大竹文雄編
肥満もたばこ中毒も、出世も談合も、経済学的な思考を上手に用いれば、問題解決への道筋が見えてくる！　経済学のエッセンスが実感できる、まったく新しい入門書。

581
会社の値段
森生明
会社を「正しく」売り買いすることは、健全な世の中を作るための最良のツールである。「M&A」から「株式投資」まで、新時代の教養をイチから丁寧に解説する。

ちくま新書

1504
アフリカ経済の真実
——資源開発と紛争の論理
吉田敦

豊富な資源があっても、大規模開発があっても、人々は貧しいまま。それはなぜなのか？　日本では知られていないアフリカ諸国の現状を解説し、背景を分析する。

1431
習近平の中国経済
——富強と効率と公正のトリレンマ
石原享一

対米貿易戦争と成長鈍化で中国経済は重大な転機を迎えている。なぜ改革は行き詰まっているのか。中国は凋落していくのか。中国経済の矛盾を見つめ今後を展望する。

1642
世界マネーの内幕
——国際政治経済学の冒険
中尾茂夫

第二次大戦以降、国際金融を陰で動かしてきたものの歴史を繙き徹底検証。剝き出しのマネーパワーに翻弄されてきた日本が戦ってきた真の敵の存在を明らかにする。

1443
ドル化とは何か
——日本で米ドルが使われる日
土田陽介

財政破綻に陥った新興国で進む「ドル化」。自国通貨と共に外国通貨を利用するこの現象を通じて、通貨危機の足音が着実に忍び寄る日本経済の現状を分析する。

1524
スーパーリッチ
——世界を支配する新勢力
太田康夫

上位1％のビリオネアが富の50％を支配し、コロナ禍でさらに格差が広がっている。知られざる富裕層の素顔と動向を明らかにし、行き過ぎた格差社会の行方を占う。

1206
銀の世界史
祝田秀全

世界中を駆け巡った銀は、近代工業社会を生み世界経済の一体化を導いた。銀を読みといて、コロンブスから産業革命、日清戦争まで、世界史をわしづかみにする。

888
世界史をつくった海賊
竹田いさみ

スパイス、コーヒー、茶、砂糖、奴隷……歴史の陰には、常に奴らがいた。開拓の英雄であり、略奪者で厄介者でもあった〝国家の暴力装置〟から、世界史を捉えなおす！